新・保育実践を支える

保育の心理学 I

成田朋子・大野木裕明・小平英志 編著

福村出版

[JCOPY] 〈出版者著作権管理機構 委託出版物〉

本書の無断複写は著作権法上での例外を除き禁じられています。複写される場合は、そのつど事前に、出版者著作権管理機構（電話 03-3513-6969、FAX 03-3513-6979、e-mail: info@jcopy.or.jp）の許諾を得てください。

『新・保育実践を支える　保育の心理学Ⅰ』まえがき

　2011（平成23）年，その前年の保育士養成課程改正において新設されることになった教科目「保育の心理学Ⅰ」のためのテキスト『保育実践を支える保育の心理学Ⅰ』を出版して，はや6年が経過した。この間，2012（平成24）年には子ども・子育て支援法が制定され，2015（平成27）年より実施されている。子どもの保育充実と保護者の子育て支援充実の2つを追求する画期的な制度であるが，その後も，子育て家庭における子育ての負担や不安，孤立感の高まり，1，2歳児を中心にした保育所利用児童数の増加，児童虐待相談件数の増加など，保育をめぐる環境は目まぐるしく変化し，子どもと子育てに対しては，以前にもましてきめ細かな対応が求められている。このような状況の中で，2017（平成29）年，幼稚園教育要領，保育所保育指針，幼保連携型認定こども園教育・保育要領が改訂（改定）され，2018（平成30）年度より実施されることになっている。

　本書はこの改訂（改定）を受けての改訂版である。

　改訂作業にあたってはまず，教育要領等の改訂（改定）の趣旨が十分反映されるよう，13章，14章を大きく書き換え，他章でも加筆するなど執筆者一同完璧な対応に努めた。その結果，本書は保育を学ぶ学生や保育者のためのテキストではあるが，子どもの保護者，子どもに関心のある幅広い読者にも資する仕上がりになった。

　子どものことが話題になることが多い昨今，時には，子どもについての基礎的知識がないまま議論が進められることも生じているが，子ども，子育て家庭を取り巻く状況がいかに変わろうとも，とりわけ，子どもの健やかな成長と子育て支援を担う保育者にとっては，実践を支える心理学の確かな基礎的知識を身につけておくことがますます求められると考えられる。

　本書が，これからの保育に活かされることを，さらに，子どもに寄り添う人，子どもに興味のある多くの人の手に渡ることにより，これからを生きる子どもたちのために活かされることを願う。

　　2018年3月　　　　　　　　　　　　　　　　　　　　　編者一同

初版まえがき

近年，就学前教育への関心は各国で高まってきており，わが国でも就学前の保育・教育の重要性への認識は高まってきていると考えられる。

そのような状況の中で，2008 年，幼稚園教育要領の改訂と同時に保育所保育指針も改定され，特に，保育所保育指針の告示化に伴う改定を受けて，その内容を十分に踏まえた養成課程の見直しが必要となった。

保育士養成課程の改正において新設されることになった教科目の 1 つ「保育の心理学」は，保育との関連で子どもの発達の過程や学びの過程について学ぶことが重要であることから，従前の「教育心理学」と「発達心理学」を統合し，新設されることになった教科目である。

この新しい教科目で学ぶ保育士・幼稚園教諭を目指す大学・短大の学生のためのテキストを編集するにあたり，保育者が子どもたちと関わり保育を行う際の手がかりを提供する保育の視点を解説し，学生たちが保育に関連する心理学の基礎的知識を身につけることのできるテキストにしたいと考えた。

まず「保育の心理学」というタイトルから，心理学の方法や成果に力点を置くことにした。各章末に演習課題を設け，演習課題Ⅰは授業中に学習できる課題とし，さらに興味を広げたい学生のためには，授業外で調べて深める学習課題として演習課題Ⅱを，そして読み物，一口メモとしてコラムも用意した。

ところで，保育・教育を何年か経験した保育者の多くから，発達心理学や教育心理学をもっと勉強しておけばよかったという声をこれまで何度も聞いてきた。卒業後，保育者になり立ち止まったとき，さらなる保育の手がかりを得たいと思ったときにも活用してもらえるテキストになったと思う。

保育・教育に関わる制度がこれまでになく大きく変化しようとしている今日であるが，変わることのない心理学の基礎を身につけ，保育に活かされることを願う。

2011 年 10 月　　　　　　　　　　　　　　　　　　　　編者一同

目　次

『新・保育実践を支える　保育の心理学Ⅰ』まえがき (3)
初版まえがき (4)

第1部　保育と心理学 13

1章　子どもの発達を理解することの意義 14

1節　対象への接近法としての心理学 14
　　1　心理学の過去と歴史 (14)
　　2　対象への接近法としての心理学 (16)

2節　子どもの発達をとらえる諸科学
　　──子どもの発達へのアプローチ 20

3節　保育に活かす心理学 22
　　1　保育場面に活かされる心理学の知識 (22)
　　2　心理学が明らかにした子どもの特徴 (23)
　　3　心理学的基礎研究からの示唆 (23)

演習課題 25
　　コラム1　進化発達心理学 (26)

2章　保育実践の評価と心理学 27

1節　保育実践の過程 27

2節　保育実践を評価することの意味とその視点 29
　　1　なぜ評価が重要なのか (29)
　　2　評価の3つの視点 (31)
　　3　教育評価の視点 (31)

3節　保育評価の基礎資料を得ること 33
　　1　心理学の研究法 (33)
　　2　実践の中での研究法の活用 (35)

4節　外部の専門機関と心理検査 35
　　1　相談を扱う関係諸機関 (35)

　　　　2　心理検査とは　(36)

　　　　3　心理検査の標準化　(38)

　　演習課題　　　　　　　　　　　　　　　　　　　　　　　　39

　　　　コラム2　学力偏差値とは何か　(40)

3章　発達観，子ども観，保育観　　　　　　　　　　　　41

　1節　日常生活に現れる「○○観」の意味　　　　　　　　41

　　　　1　発達に影響する4つの環境水準　(41)

　　　　2　○○観の日常的な意味　(42)

　　　　3　「観」の心理学的なとらえ方　(43)

　　　　4　心理学的理論の性質と発達段階説の特徴　(44)

　2節　発達段階に光をあてた子ども観　　　　　　　　　　45

　　　　1　ピアジェによる認知発達理論　(45)

　　　　2　ヴィゴツキーの文化歴史的理論　(46)

　　　　3　コールバーグの道徳判断3水準6段階理論　(46)

　　　　4　フロイトの精神—性的発達理論とエリクソンの心理—社会的発達理

　　　　　論　(47)

　3節　学習としての発達と発達支援・教育　　　　　　　　49

　4節　子どもは無力か有能か——2つの極端な子ども観，教育観　49

　　演習課題　　　　　　　　　　　　　　　　　　　　　　　50

　　　　コラム3　初期西ヨーロッパの子ども観　(52)

第2部　子どもの発達の理解　　　　　　　　　　　　　53

4章　乳幼児の発達と環境　　　　　　　　　　　　　　54

　1節　子どもの育ちに関わる要因　　　　　　　　　　　　54

　2節　「氏か育ちか」——遺伝と環境をめぐる理論的対立の歴史　55

　3節　遺伝と環境の相互作用　　　　　　　　　　　　　　57

　　　　1　遺伝と行動傾向　(57)

　　　　2　遺伝と環境の相互作用　(59)

　4節　子育て環境としての文化　　　　　　　　　　　　　61

　　　　1　子育ての文化差　(61)

2　日本における子育て環境の変遷　(64)

　演習課題　　　　　　　　　　　　　　　　　　　　　　　　　65
　　　コラム4　事象間の関係——独立と相関・因果　(67)

5章　乳幼児期の情動と自我・自己の発達　　　　　68

1節　情動とその発達　　　　　　　　　　　　　　　　68
　　1　情動とは　(68)
　　2　情動の発達と行動　(70)
　　3　情動の理解　(71)

2節　自我・自己の認知とその発達　　　　　　　　72
　　1　乳幼児期の自己　(72)
　　2　身体的自己　(73)
　　3　視覚的な自己の認識　(73)
　　4　抽象的な自己理解　(74)

3節　養育者との出会い　　　　　　　　　　　　　74
　　1　比較行動学からの示唆　(74)
　　2　ボウルビィの愛着理論　(75)
　　3　愛着の測定　(76)

　演習課題　　　　　　　　　　　　　　　　　　　　　　　　　78
　　　コラム5　ボウルビィとホスピタリズム　(80)

6章　乳幼児期の身体的機能と運動機能の発達　　81

1節　身体の発達　　　　　　　　　　　　　　　　　81
　　1　発達曲線　(81)
　　2　睡眠の発達　(85)

2節　運動機能の発達　　　　　　　　　　　　　　85
　　1　全身運動・移動行動の発達　(85)
　　2　手腕機能の発達　(87)

3節　学習のメカニズム　　　　　　　　　　　　　88
　　1　オペラント条件づけ　(88)
　　2　観察学習　(89)
　　3　学習の進展　(89)

4節　生活を通じた発達と学習 90

    1　生活の中での学習　(90)

    2　遊びを通じた身体機能の発達　(91)

    3　子どもの発達と安全に対する配慮　(91)

演習課題 92

    コラム6　学習の転移　(94)

7章　乳幼児期の知覚と認知の発達 95

1節　知覚・認知の発達 95

    1　視覚の発達　(96)

    2　聴覚・味覚・嗅覚の発達　(97)

2節　ピアジェの認知発達説 97

    1　感覚運動期　(98)

    2　前操作期　(99)

3節　乳幼児期に特有の知覚・認知の諸相 101

    1　乳幼児期特有の知覚　(101)

    2　乳幼児期特有の認知　(101)

4節　心の理論 103

演習課題 105

    コラム7　ピアジェ　(106)

8章　乳幼児期の言葉の発達と社会性 107

1節　乳幼児期の言葉の発達過程 107

    1　言葉の獲得の準備——前言語コミュニケーション　(109)

    2　言語でのコミュニケーション　(110)

2節　言語獲得についての理論 113

3節　言語獲得を支える養育者の働きかけと象徴機能の発達 ... 114

    1　養育者の働きかけ　(114)

    2　象徴機能の発達——モノに対しての意味づけ　(115)

4節　言葉の発達と社会性 116

    1　メタ言語能力の発達　(116)

目　次　　9

　　　　2　書き言葉の発達　(117)

　　　　3　言葉の役割と社会性　(118)

　　演習課題 ─────────────────────── 119
　　　　コラム 8　語意味の推測　(120)

9 章　人との相互的関わりと子どもの発達 ─────── 121

1 節　胎生期から新生児期における他者との関わり ───── 121

　　　　1　胎生期の子どもの成長と母子の関わり　(121)

　　　　2　母性感受期　(122)

　　　　3　新生児期の母子の相互作用　(123)

2 節　基本的信頼感の基礎となるもの ───────── 123

　　　　1　マターナル・アタッチメント　(123)

　　　　2　他者の存在の理解の獲得　(124)

3 節　親子関係の発達 ──────────────── 126

　　　　1　母子関係と父子関係　(126)

　　　　2　愛着の発達　(127)

4 節　社会的関係の広がり ──────────────── 129

　　　　1　子どもとの関わり　(129)

　　　　2　保育者との関わり　(130)

　　　　3　遊びの発達　(130)

　　演習課題 ─────────────────────── 132
　　　　コラム 9　マーシャル・H. クラウスとジョン・H. ケネル　(134)

第 3 部　生涯発達と保育（養護と教育）の重要性 ───── 135

10 章　乳幼児期の発達的特徴 ─────────────── 136

1 節　乳児の発達的特徴 ──────────────── 136

　　　　1　赤ちゃんからのプロポーズ（おおむね 6 カ月未満）　(137)

　　　　2　安心から生まれる探索行動（おおむね 6 カ月から 1 歳未満）　(138)

2 節　3 歳未満児の発達的特徴 ──────────────── 140

　　　　1　人やモノと関わり，遊ぶ（おおむね 1 歳から 2 歳未満）　(141)

2　共感的受容と言葉の発達（おおむね2歳）（142）

　3節　3歳以上児の発達的特徴 ································ 143

　　　1　生活習慣の形成と自己効力感（おおむね3歳）（143）

　　　2　心への気づきと自己調整的行動（おおむね4歳）（145）

　　　3　仲間意識とリーダーシップ（おおむね5歳）（146）

　　　4　自己実現と他者理解（おおむね6歳）（146）

　演習課題 ································ 147
　　　コラム10　「保育する」ということ　（149）

11章　児童期の発達的特徴 ································ 150

　1節　幼児期以降の子どもの発達を学ぶ意義 ································ 150

　2節　知的発達 ································ 151

　　　1　メタ認知　（151）

　　　2　具体的操作期　（152）

　3節　社会的発達 ································ 153

　　　1　友人関係の発達　（153）

　　　2　対人関係から学ぶもの　（154）

　4節　パーソナリティの発達 ································ 156

　　　1　自己概念　（156）

　　　2　自己評価・自尊感情　（157）

　5節　幼児期から児童期への移行 ································ 158

　　　1　小学校への移行時に生じる問題　（158）

　　　2　保育所などと小学校の連携　（158）

　演習課題 ································ 160
　　　コラム11　"自分とは何か？"を調べる方法　（161）

12章　青年期以降の発達的特徴 ································ 162

　1節　青年期以降の知的発達 ································ 162

　　　1　青年期の思考の特徴——形式的操作　（162）

　　　2　熟達化　（163）

　　　3　加齢による知的能力の変化　（164）

　　　4　知能の多様性　（165）

2節　青年期以降の社会的発達————————————————166

　　1　アイデンティティの形成　（166）

　　2　就職・キャリア形成　（167）

　　3　結婚生活・子育て　（168）

　　4　中年期の危機　（169）

　　5　老年期の英知　（170）

演習課題————————————————————————171

　　コラム12　日常経験に依存した思考——4枚カード問題　（173）

13章　発達のつまずき————————————————————174

1節　発達のつまずきの早期発見——————————————174

　　1　乳幼児健康診査　（174）

　　2　5歳児健康診査　（176）

2節　発達のつまずきのある子どもたち——————————176

　　1　知的障害　（177）

　　2　自閉症スペクトラム障害　（178）

　　3　注意欠如・多動性障害（ADHD）　（180）

　　4　学習障害（LD）　（181）

3節　発達のつまずきとアセスメント——————————182

4節　発達支援————————————————————————182

　　1　発達のつまずきのある子どもたちへの療育　（182）

　　2　特別支援教育と個別の教育支援計画・指導計画　（183）

　　3　保護者支援と専門機関との連携　（184）

演習課題————————————————————————185

　　コラム13　知能指数（IQ）と発達指数（DQ）　（187）

14章　児童福祉施設における子どもの発達———————188

1節　子どもが育つ上での環境の影響——————————189

　　1　家庭での育ちと施設での育ち　（189）

　　2　社会的養護と法改正　（190）

2節　児童養護施設に入所する子どもの背景と特徴————193

　　1　児童福祉施設と虐待・親との別離　（193）

2　虐待のもたらす状態　(194)

　3節　児童養護施設における子ども————————197
　　　1　施設への入所と発達　(197)
　　　2　対人関係の発達　(198)
　　　3　子どもたちの揺れる心　(199)

　4節　児童福祉施設での保育——まとめに代えて————201
　　　1　子どもへの目の向け方　(201)
　　　2　心理的アプローチ　(202)
　　　3　子どもの振る舞い方からの発見　(203)

　演習課題————————————————————205
　　　コラム14　児童養護施設における心理療法　(207)

15章　発達に関わる諸理論————————————208

　1節　知的発達に関する理論————————————208
　　　1　ピアジェの認知発達理論　(208)
　　　2　ブルーナーの表象の発達理論　(210)

　2節　社会的発達に関する理論————————————211
　　　1　ハヴィガーストの発達課題　(211)
　　　2　ボウルビィの愛着理論　(211)
　　　3　コールバーグの道徳発達理論　(214)

　3節　パーソナリティ発達に関する理論————————215
　　　1　フロイトの精神分析理論　(215)
　　　2　エリクソンの心理−社会的発達段階　(217)

　演習課題————————————————————218
　　　コラム15　フロイト（Freud, S. 1856～1939）　(220)

　索引　(221)

第1部　保育と心理学

1章　子どもの発達を理解することの意義

　学習の目標

1　人間理解の科学「心理学」について理解する。

2　子どもの発達理解に関連する諸科学について理解する。

3　心理学の知識が保育にどのように活かされているのかについて考える。

─── キーワード ───

心，心理学，発達心理学，生涯発達心理学，パーソナリティ心理学，社会心理学，教育心理学，保育学，脳科学，進化発達心理学

1節　対象への接近法としての心理学

1　心理学の過去と歴史

　私たちは日々喜んだり，悲しんだり，怒ったりとさまざまな感情を抱いたり，また考えたりしている。これを心の動き，働きといっているが，心とは一体何なのだろう。

1章　子どもの発達を理解することの意義　　15

　この問いに対しては，私たちが想像する以上にずいぶん古くから興味が持たれていたことがわかる。紀元前3世紀，ギリシャ時代のプラトン（Platon，前427〜前347）とアリストテレス（Aristoteles，前384〜前322）が心や知識についての著述を残しているのである。このようにルーツをギリシャ時代に遡ることができる哲学的（形而上学的）心理学に対して，科学的心理学としては，歴史的には心理学実験室が設置された1879年がその始まりとされる。著名な心理学者が残した「心理学は長い過去と短い歴史を持つ」という言葉のゆえんであるが，とにもかくにも2000年以上も昔のギリシャ時代にすでに心について考えられていたことは驚きであろう。

　1879年に心理学実験室を設置したヴント（Wundt, W.M.）は，実験生理学の影響を受け，実験法を用いて感覚や感情を研究したが，方法として自分の意識過程を観察するという内観法によったため，限界があったと言わざるをえない。

　20世紀に入ると，ヴントの心理学を乗り越える心理学として，精神現象の全体性は要素の結合や加算としては説明できないとするゲシュタルト心理学や，無意識の働きを強調する精神分析学が心理学の流れを形作り，またアメリカで台頭した行動主義が大きな流れとなって，客観的な心理学が発展した。しかしながら，ワトソン（Watson, J.B.）の行動主義では科学的心理学を目指すあまり，心理学のテーマは「心の働き」ではなく「客観的，観察可能な行動」を調べることとなり，直接観察できない心の内部はブラックボックスとして科学的研究の対象からはずされてしまった。科学的心理学の発展に寄与した一方で，言語理解，イメージなど人間にとって最も重要な高次の精神機能が研究できないことに限界があったといえよう。その後1950年代に入り，コンピューターサイエンスの影響から，人間の心的過程は情報処理過程であるという考えが定着し，認知心理学のアプローチが主要なパラダイムになった。

　現在，心理学とは心の働きについての科学であり，ある状況において認知過程がどのように働き，判断や行動を導くのかを研究する学問領域であると考えられている。

かつての心理学は科学であることを目指して，自然科学的な方法論を主力としていたが，今日では，相手と関わりながらの実践も重視されてきている。そこでは心というものがあると仮定される。直接見ることはできないが，心が存在し，行動に影響すると考えるのである。行動を観察したり，測定したりして把握し，これを引き起こしている心を明らかにしようと試みるのである。したがって現在の心理学には，個人的なものから社会的な分野，基礎的なものから実践的な分野まで多くの分野が幅広く広がっている（図1－1参照）。また，哲学，言語学，人類学，神経科学，人工知能など，多くの隣接科学とも深く関係しているのである（図1－2参照）。

2　対象への接近法としての心理学

私たちは，これまで心理学が明らかにしてきた知見によって人間を理解することができるが，人間，特に子どもをとらえる切り口としての心理学にはどのようなものがあるのだろうか。いくつかを取り上げてみよう。

a　発達心理学

発達心理学は児童心理学，青年心理学，そして成人・老年心理学などの総称であり，1人の人間が成長するプロセスを明らかにしようとする学問である。心身の形態や機能の変化を発達と呼び，その変化のプロセスとなぜそのような変化が起こるのかを探究するのである。

そもそも子どもが大人によって守られ教育されるべき未熟な存在であると認識されたのは近代になってからで，ルソー（Rousseau, J.J., 1712 〜 1778）が18世紀中頃に子どもについてもっと知るべきだと主張した流れの中で児童心理学が成立した。20世紀初頭には青少年問題が噴出して青年心理学が成立した。さらに20世紀半ばになって成人期や老年期への関心が高まり，発達心理学は一生涯にわたる学問であるべきとの機運が高まり，生涯発達心理学という名称が生まれた。

発達に関する1つの見方，すなわち発達理論の代表的なものとして，ピアジェ（Piaget, J.）は，子どものものへの関わりに注目し，その関わり方や認識の変

1章　子どもの発達を理解することの意義　　17

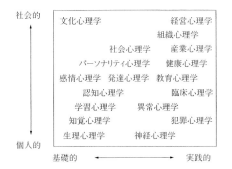

図1-1　心理学の主な分野
浦上昌則・神谷俊次・中村和彦編著　心理学［第2版］　ナカニシヤ出版　2008

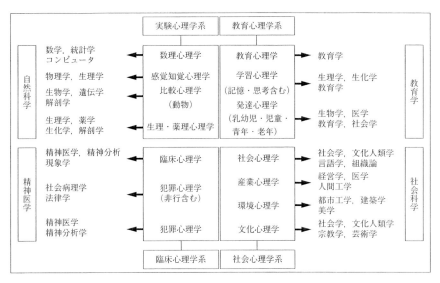

図1-2　心理学の専門分野とその隣接科学
古城和子編著　生活にいかす心理学 Ver.2　ナカニシヤ出版　2002

化を発達ととらえた。フロイト（Freud, S.）は，幼児の性＝欲望に注目し，対人関係の変容と自己のあり方を発達ととらえた。エリクソン（Erikson, E.H.）は，何世代にもわたって繰り返される人生のサイクルの考え方を用いて心理・社会的発達論を提唱した。そして，発達段階という「生から死へ」を縦に見るという視点に対して，ブロンフェンブレンナー（Bronfenbrenner, U.）は，個人がどのように環境と関わっているのかという横に見る視点から生態学的発達論を展開している。

今日の発達心理学は，これら生涯発達的観点，生態学的観点により，人の発達をより幅広い，広範囲な視点で見直していくという枠組みに変化してきており，行動を発生学的に説明しようとする科学として成長しようとしている。

b　パーソナリティ心理学

私たちは日常的に「あの人は積極的な人だ」というように，性格に関する会話をすることが多いが，人格や性格，つまり「その人らしさ」を研究の対象にする心理学の1つの領域をパーソナリティ心理学と呼ぶ。

今日，性格とは「個人のうちにあって，その個人に特徴的な行動や思考を決定する心理身体的体系の力動的体制」，もしくは「人が生まれながらに持っている持続的で一貫した行動様式」と定義されるが，先に述べたように，紀元前3世紀という古い昔から人の性格には関心が持たれていたのである。

これら人の行動様式を規定する要因については個人を重視する立場，環境を重視する立場，両者が性格を形成するという立場があり，測定方法も種々考案されてきた。また，これまでの研究により，性格は一生変わらないものではなく，さまざまな要因によって変化することが明らかになってきた。

今後は，遺伝的研究，生物学的研究，実験的研究，心理統計的研究，社会的行動研究など複数の方法論で性格を多層的にとらえ，人間を多角的に理解できるようになることが期待されている。

c　社会心理学

私たちの日々の行動は社会，文化，他者といった多くのものから影響を受けている。個人を取り巻くさまざまなものを社会であると考えるなら，社会は個

人に対してさまざまな形で影響をもたらすことになる。この影響を検討しよう
とするのが社会心理学であり，人間の社会的行動を説明するための学問領域と
いえる。

そこでは，日常経験するであろう現象を実験室内に作り出した研究や，コン
ピューター・シミュレーションを用いた研究などが行われ，犯罪抑止，都市計
画，災害などさまざまな問題に対して社会心理学を応用して考えていこうとす
る試みが多くなされている。

今日では，社会から影響を受ける個人の側に注目し，個人の心理過程を分析
する心理学的社会心理学と共に，より社会の側に注目する社会学的社会心理学
と呼ばれる領域も発展してきており，個人と社会の間の影響過程，社会的相互
作用に焦点をあてた研究も進められている。

d　教育心理学

教育心理学は人間形成に関する原理と方法について心理学的手法によって解
明する学問である。古くは一般心理学で見出された知見を教育実践に応用する
応用心理学の1つとみなされていたが，現在では単なる応用ではなく，教育実
践に直接もしくは間接に関連するという独自の性格を持つことが主張されてい
る。

現在の教育心理学における研究領域は，これまでの発達，学習および学習指
導，パーソナリティと適応，教育評価の4つを中心に，教育心理学の歴史，方
法等も付け加えられ，研究の課題は，学級社会の心理，教師の資質，生徒指導
や進路指導の心理，障害児（者）の心理療法や行動療法などにも広がり，不登
校，生涯教育（自己教育力），個性の問題なども注目されるようになった。教
育場面で直面している問題解決のために，教育心理学への期待が高まっている
ことの現れであろう。

幼い子どもたちへの望ましい関わりは常に養護的であると同時に教育的であ
る。したがって，保育者が発達心理学や教育心理学を学ぶことは，乳幼児期の
子どもたちへの働きかけを効果的なものにする上でより一層役立つものと考え
られる。

その他，子どもを保育する際に参考になる，人間を理解するための心理学としては知覚心理学，学習心理学，臨床心理学などを挙げることができよう。

2節　子どもの発達をとらえる諸科学
——子どもの発達へのアプローチ

　1人の人間の一生は受精により始まるが，その成長を追っていくと，そこには多岐にわたる学問領域が関わっていることがわかる。

　誕生前，母親の妊娠中の経過，出産時の母子の状況はその後の成長発達に影響するが，1人の子どもの出生前からの成長発達を考えると，産科医，助産師をはじめとする医療分野，健康管理面を担う栄養士など母子保健分野の関わりを抜きに考えることはできない。また，現在一般的に行われるようになった超音波画像診断は医療工学の発展の結果である。誕生前後には周産期医療あるいは新生児医療の分野が関与し，まず身長，体重，内臓などの成長の度合をチェックする。退院後は産科医に加え，小児科医，保健師が関わり，地域の児童民生委員等の巡回により，家庭での生活への移行が順調であるかどうかが確認される。

　母子保健法で定められている1歳6カ月児健康診査，3歳児健康診査では，子どもの発育栄養状態，精神・運動発達の把握，視覚・聴覚の問題のチェックや歯科検診などが行われる。子どもの健康状態や発達について調べ，発育発達が順調であるかをチェックするのである。健診は，疾病や障害を早期に発見することを目的に行われているが，近年では母親が精神的に健康な状態で子育てできているかを確認する機会ともなっている。

　今日，就学前教育の振興は世界的潮流であるが，一方ではさまざまな社会的背景により，以前に比べて年齢的に早い段階から，また長い時間を保育所や幼稚園で生活する子どもが増えている。そこでは，子どもの成長に寄与する物的環境，人的環境を整えること，すなわち保育の質を高めることが大きな課題と

なり，保育学の役割が大きい。

　保育学とは，乳児や幼児の発達を促す保育の営みを体系づける学問分野であり，教育学，心理学，福祉学，看護学，栄養学，体育学，美術，音楽等々すべての学問的知見が有機的につながって活かされなければならないと考えられる。例えば，保育環境については建築学研究者を交えた研究グループから注目すべき提言もなされている（全国社会福祉協議会，2009）。保育学の独自性は研究即実践にあり，保育場面での子どもを考えたとき，上述の学問領域すべてが活かされることになる。

　保育の場で気になる行動が現れたときには，臨床心理学，児童精神医学が関わることになる。また，子どもの問題は当然親の側の問題にも波及し，臨床心理学，精神医学の他に地域福祉学等も関わってくることになろう。子育て支援においては，発達心理学をはじめ，教育心理学や臨床心理学の知見が活かされ，より実践的なアドバイスが可能になると思われるが，さらには，本人やその家族だけでなく周囲の環境条件を検討することも必要になる。その後児童期に入ってからも，子どもはさまざまな分野からの関わりによって成長発達していくのである。

　以上のように1人の子どもの成長発達にはさまざまな学問的知見が活かされていることが理解できる。今後，人間の成長発達を云々する場合には，近年目覚しい発展を遂げている脳科学の知見を参考にしたり，また発達進化論等の新しい切り口を参考にしたりすることになると思われるが，これまで述べたように，1人の子どもが成長し，生きていくプロセスにおいては，その子どもに関わりのあるすべての大人が，さまざまな領域の知見を参考に，子どもの発達を理解し，その子どもに丁寧に関わることが何よりも大切なことである。

3節　保育に活かす心理学

1　保育場面に活かされる心理学の知識

　心理学の目的の1つは，行動を指標・手がかりにして心を解明することであるが，事実の解明が進めば，その知見を利用して人々の生活に広く寄与していくことが求められよう。保育の場における一人一人の子どもへの具体的な関わりにおいて，心理学の知見はどのように活かされているのであろうか。

　子どもが健やかに成長するには，生活の場が家庭，保育所，幼稚園などのいずれの場であっても，情緒的に安定した日々を過ごすことが何よりも大切である。保育所や幼稚園が子どもを受け入れるとき，子どもの年齢にかかわらず，担当の保育者が園での愛着の対象になり，子どもが1日でも早くその場で情緒的に安定した状態で過ごすことができるよう配慮するはずである。アタッチメント（attachment）理論が活かされているのである。

　保育の場では，食事の前に手を洗うなどのさまざまな生活習慣を身につけさせることも要請される。このような場合，保育者は，身につけさせたい習慣を保育者自身が行って見せたり，他の子どもの行動を見せたりして，子どもにやる気を起こさせ，子どもがしようとしたり，できたときには褒めることを日常経験的に行っているだろう。保育者は，意識するしないにかかわらず，観察学習や内発的動機づけの理論，マズロー（Maslow, A.H.）の欲求理論を活用しているものと思われる。また，子どもたちが皆で仲良く遊ぶ姿は保育者にとって安心できる風景であるが，集団で遊ぶことができるのは一定の年齢になってからのことであり，そこに至るまでには，ひとり遊び，傍観的態度，並行遊びの段階を経て遊べるようになるという知識が役に立っているはずである。

　保育者たちは経験を重ねるにつれて，経験則に基づいて日頃の保育を行っていると考えられるが，保育場面での子どもへの関わり一つ一つには，以上のような心理学の知見が活かされているのである。

2　心理学が明らかにした子どもの特徴

　これまで発達心理学ではさまざまな子どもの特徴を明らかにしてきたが，日頃の保育場面においても，子どものことを理解していたつもりでも，改めて大人とは異なる存在であることを再認識させられる場面が多々ある。

　代表的なものは，ピアジェの保存実験に示された幾多の現象であろう。例えば，いっぱしの口を利くようになった子どもたちでも，食後やおやつ時，果物を小さく切ってもらい，「ワァー，タクサンニナッタ！」と歓声をあげて喜ぶ姿は日常経験することである。

　比較的新しい知見では「心の理論」を挙げることができる。「心の理論」に類する実験結果は，4歳頃までは他者の立場に立って考えることができないことを教えてくれる。

　朝起きて「昨日ノ夜，オ母サント遊園地ニ行ッタ夢ヲ見タヨ」と報告した子どもに，母親が「あら，そう」と答えると，「アレ，オ母サンモ一緒ニ行ッタジャナイ」と言った例は，主観的な世界と客観的な世界を混同してしまうこと，他者の立場で考えることができないといった幼児期特有の心性を示唆する例であろう。

3　心理学的基礎研究からの示唆

　上述の例は，日頃保育場面で出会う現象を説明する心理学の知見であるが，その他，直接的な保育に結びつかないが，子ども理解のための心理学的基礎研究成果は多々存在する。

　子どもは2歳前後になると，鏡に映った自己像を認知できるが，自己知覚の起源はずっと以前にすでに存在すると考えられている。このことに関してロシャ（Rochat, P., 2004）はルーティング反応（口唇探索反射）やサッキング（赤ちゃんが母親の乳首や哺乳瓶の乳首を吸うこと）の実験を行った。新生児を対象に，実験者が赤ちゃんの頬を指で軽く触れた場合と，赤ちゃん自身が触れた場合を比べると，新生児は，後者ではほとんどルーティング反応を示さなかった。新生児は自分で引き起こした刺激と他者から与えられた刺激を区別して適

切な反応をしていたことになる。また2カ月児を対象にした実験では，赤ちゃんのサッキングとは無関係に音が変化する条件に比べて，サッキングに応じてフィードバックされる音が変化する条件で，より探索的にサッキングを行うことがわかった。

以上の実験結果はいずれも，自己知覚の有力な証拠と考えられるが，これらはチンパンジーの赤ちゃんにも見られることがわかっている（友永雅巳ら，2003）。

このような実験は保育場面には直接結びつかないかもしれないが，これらの研究の積み重ねにより，どのようにして高次の自己が形成されるのかが解明されることになるのである。

基礎研究からの示唆として，近年の脳科学の進歩による大いなる知見にも触れておこう。

脳機能解明には，脳損傷研究が果たしてきた役割が大きいが，1990年代になって登場したfMRI（機能的磁気共鳴描画）により，脳の細かな部位ごとの働きを知ることができるようになった。fMRIのほか，MEG（脳磁図），OT（光トポグラフィ）など，測定装置を頭に取り付けたり，機械の中に入ったりして，脳のどの部位が活性化しているかをとらえる装置が開発され，健康な人の脳の働きを知ることが可能になった。

これらの装置を用いて行われた実験によって明らかになったことを幼児期に限って見てみると，脳の中で特に記憶する働きを担う海馬が十分に働き出すのが3，4歳であることが明らかになった（仁木和久，2004）。さらに今日では，数を数える，人の表情を理解するといった特定の対象についての情報処理を行う「モジュール的思考」を担うところを見出そうとする研究も行われている（澤口俊之，1999）。

これら脳研究によって人間のすべてがわかるわけではないし，また保育に直接役立つわけではないかもしれない。しかし，保育を考えるときの，また実際に保育を行うときの視点にヒントを与えてくれるはずである。

そもそも保育とは，乳幼児を養護・教育し，その中で子どもの人間性を形成

する営みである。そこでは，一人一人の子どもの個別性を尊重して，一人一人
個別的に関わる中でその子どもの育ちを見守らなければならない。ここに発達
を理解する意義があるのである。

演習課題

課題 1
・発達心理学と教育心理学の特徴をまとめてみよう。
・保育現場を説明する心理学の理論にはどのようなものがあるか，列記してみよう

課題 2
・保育学では親子関係の成立についてどのような研究が行われているか詳しく調べ
　てみよう。
・身近な子どもの行動を観察し，3 節の例のように心理学の知識で説明してみよう。

引用・参考文献
堀洋道　心理学—学問への道—　進研スコープ　91　pp.46-47　1985
兵藤宗吉・緑川晶編　心の科学—理論から現実社会へ—　ナカニシヤ出版　2010
市川伸一　心理学って何だろう　北大路書房　2002
小嶋秀夫・速水敏彦・本城秀次編著　人間発達と心理学　金子書房　2000
古城和子編著　生活にいかす心理学　Ver.2　ナカニシヤ出版　2002
無藤隆・藤崎眞知代編著　発達心理学　北大路書房　2009
仁木和久　行動の学習と海馬　子どもと発達発育　2　pp.176-181　2004
ロシャ，P.　板倉昭二・開一夫監訳　乳児の世界　ミネルヴァ書房　2004
澤口俊之　幼児教育と脳　文藝春秋　1999
友永雅己・田中正之・松沢哲郎編著　チンパンジーの認知と行動の発達　京都大学
　　学術出版会　2003
浦上昌則・神谷俊次・中村和彦編著　心理学［第2版］　ナカニシヤ出版　2008
全国社会福祉協議会　機能面に着目した保育所の環境・空間に係る研究事業　総合
　　報告書　2009

コラム1

進化発達心理学

発達心理学はヒトの個体発生（受精から死）を対象とし，進化心理学は，ヒトを系統発生（ある生物が下等なものから高等なものへと長い間に進化したその過程）的な視点から理解しようとする。

進化は多様な生物の個体発生の無限の連続から構成されているゆえ，個々人の発達を考え，また逆に個体の発達を基盤に進化を考えることが，人間を理解する上でいずれも重要であるといえる。近年ではこの2つの立場を融合させた進化発達心理学という研究領域も生まれている。

進化論の基本原理は自然淘汰の考えにあり，進化発達心理学は自然淘汰の考えを現代社会の人の発達に適用しようとするものである。

進化発達心理学の視点では，大人や子どもの持つ特徴もまた，進化の過程における淘汰圧のもとで形成されたととらえ，子どもは小さな大人ではなく，その年齢，置かれている環境や状況に応じて可能な限り適応している存在であると考える。したがって，乳児や幼児が有している特徴は，単に大人になるための準備段階としてあるのではなく，むしろその時点・年齢に応じた適応的機能を持つように進化の中で淘汰を受けてきたものと考える。

例えば，子どもは，自己の能力を過大評価する傾向があり，失敗を自分の能力に帰属しない。そのような自己評価の誤りがあるために，ある課題に対してさまざまな試みをするかもしれないし，何度も挑戦するかもしれない。あることを学習するためには，自己に対する認識の誤りが逆にプラスに作用することがあるのだ。子ども時代を存分に生きさせようとする営みである保育を行う上で参考になる考え方といえよう。

引用・参考文献

ビョークランド，D.F.・ペレグリーニ，A.　無藤隆監訳　松井愛奈・松井由佳訳　進化発達心理学—ヒトの本性の起源—　新曜社　2008
遠藤利彦編著　発達心理学の新しいかたち　誠信書房　2005

2章　保育実践の評価と心理学

学習の目標

1　保育所の1日の様子についてその大まかな流れを理解する。
2　保育実践を評価することがどのような意味で重要なのかを理解する。
3　保育実践の評価の方法とさまざまな観点を理解する。
4　心理検査にどのような種類があり，どう使われているのかを知る。

キーワード

デイリープログラム，保育実践，保育所保育指針，幼稚園教育要領，幼保連携型認定こども園教育・保育要領，自己評価ガイドライン，評価法，心理学の研究法，相談機関，心理検査

1節　保育実践の過程

　保育所や幼稚園ではどのような時間にどのようなことが行われているのであろうか。表2-1はある保育所の1日（3歳児）を示したものである。朝は決められた時間内に，それぞれの子どもたちが保護者に連れられて登園する。全員そろった頃，朝の挨拶をしたり歌を歌ったりして，また，お休みの子どもを

表2-1　ある保育所の1日（3歳児）

7:00	子どもたちが登園
9:30	朝の会（朝の挨拶と歌）
10:00	クラス毎に活動（お遊戯，お散歩，外遊び，制作など）
11:00	お片づけとお昼ごはんの準備（手洗い，うがい）
11:30	お昼ごはん，歯みがき
12:30	パジャマに着替えてからお昼寝
15:00	起床，着替えてからおやつを食べる
	自由遊びの時間
16:00	お片づけ
16:30	クラス毎に帰りの会
	子どもたちのお迎えが始まる
19:30	子どもたちが全員帰宅

みんなで確認しながら朝の会を行う。その後，クラスごとにお遊戯，お散歩，外遊び，制作などの活動を行い，その片づけが済んだところで昼食となる。お昼ごはんを食べて歯みがきを終えたら，今度はお昼寝の時間である。着替えを嫌がる子，なかなか寝付けずに他の子どものお昼寝を邪魔する子などもおり，対応する保育者も大変な時間帯である。起床したら着替えをして，おやつを食べたり自由遊びをしたりする。この園では，午後の自由遊びの時間になるべくクラスを超えて交流ができるよう，3歳から5歳児は園庭で外遊びをすることが多い。夕方になり片づけが終わると，帰りの会が始まる。ここでは絵本や紙芝居などの読み聞かせが行われる。時間になると保護者のお迎えになり，それぞれの子どもたちが家へと帰っていくことになる。

　このような保育所での1日のスケジュールは，デイリープログラムと呼ばれる。このデイリープログラムはあくまでも一例であり，保育所や幼稚園によって細かい時間や内容などは異なる。また，同じ保育所・幼稚園であっても，子どもの年齢によって活動内容は変わってくる。例えば保育所の場合，乳児では検温やおむつ交換などが必要になる。また，5歳児であれば外遊びの活動も増えてくる。実習生による保育所実習や幼稚園の教育実習では，子どもたちの様子や1日の流れを観察することから始め（観察），子どもたちと一緒に活動をし（参加），実際に保育を行う（指導・援助）ことで，段階的にこの保育所・幼稚園の日常に関わっていくことになる。

　最初からうまく子どもと関わることができる人は，そう多くはない。実際に

子どもたちと関わり，子どもたちの反応を見ながら自分の関わり方を評価・反省し，次に活かしていくという繰り返しの中で，実践力は培われていくのである。そのとき，子どもの発達に関して知識が不足していたらどうだろうか。また，自分自身の関わりをどう評価していいのかわからないとどうなるのであろうか。おそらく，子どもたちの反応も正確に受け止めることができず，自分自身の保育実践を省みることも難しく，実践力はなかなか身につかないであろう。大学の講義等で学ぶ知識や理論は，この評価・反省と実践をスムーズに行うための整理の枠組みになるものである。

2節　保育実践を評価することの意味とその視点

1　なぜ評価が重要なのか

　保育者の関わりが，子どもたちの発達にとって望ましいものとなるためには，保育者が自らの保育を省みて工夫を重ねることが必要不可欠である。実際の保育では大まかに，①保育の計画を立てる段階（Plan），②保育を行う段階（Do），③評価・省察の段階（Check）を踏み，④評価や省察が改善に活かされる（Action）ことになる。

　保育所保育指針では「保育士等は，保育の計画や保育の記録を通して，自らの保育実践を振り返り，自己評価することを通して，その専門性の向上や保育実践の改善に努めなければならない」（第1章，3の(4)のアの(ア)）とされている。幼稚園教育要領においても，「幼児の実態及び幼児を取り巻く状況の変化などに即して指導の過程についての評価を適切に行い，常に指導計画の改善を図るものとする」（第1章，第4の2の(2)）と述べられている。いずれも評価を行うことで，保育や教育の改善に向けて努力することの重要性が示されているのがわかる。特に，保育士や幼稚園教諭，保育教諭など，養護や教育に関わる専門職では，めまぐるしく変化する社会や子どもたちと直に接することが求められ，評価と実践を繰り返しながら，その変化に対応していくことが必要となる

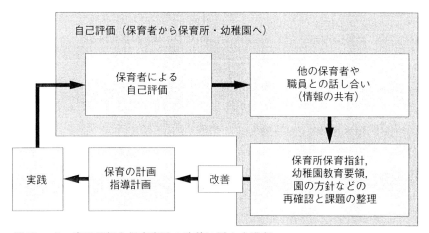

図2-1 自己評価を保育実践の改善に活かす過程
厚生労働省　保育所における自己評価ガイドライン　2009　を参考に作成

のである。

　では実際に，評価はどのように実践に活かされるのであろうか。厚生労働省（2009）による自己評価ガイドラインを参考にその過程を見てみよう（図2-1）。まず図中左上の保育者による自己評価とは，子どもたちの様子をとらえ，また保育・教育の実践を省みることによって，それぞれの保育者が自ら評価を行うことを指す。その際には，保育者の環境構成などが子どものどのような側面に影響を与えたのか，その関連性に注目することが大事である。このために，日誌や保育実践を記録したビデオなどを資料として活用することが推奨されている。続いて次の段階では，保育所や幼稚園全体の自己評価に向けて，各保育者や職員の自己評価が共有・統合されることが望まれる。これは保育者や職員の会議などの場で，子どもたちの様子や保育実践に関する情報交換を行うことで達成される。そして最後の段階として，共有された自己評価を保育所保育指針や幼稚園教育要領，そして園の方針と照らし合わせ，課題を明確にしていくことが重要となる。この段階を経て初めて，保育実践の自己評価は保育の計画や指導計画の改善，そして実践に活かされるのである。

2 評価の3つの視点

　以上のような評価を実践に活かす過程を見ると，保育における評価とは，子どもを見る目，保育者を見る目，保育所・幼稚園を見る目の3つのレベルがあることがわかる。まず何よりも重要となるのが，個々の子どもたちを見る目である。子どもたち一人一人の発達の段階や家庭環境，また個性に注意を向けることによって，より適切な計画や関わりが可能になる。実際には，目に見える子どもたちの行動や活動の結果を見るだけでは不十分であり，日々の保育の中で「健康」「人間関係」「環境」「言葉」「表現」の5領域を視点に心の育ちや意欲に注目し，より深く個々の子どもをとらえることが求められる。時には，後述のような心理検査による客観的な情報が有用となる場合もあろう。

　しかし，子どもたちを見る目だけでは保育の評価を行うことはできない。そのような子どもたちに，保育者自身がどのように関わったのかという点についても評価が必要である。保育実践を自ら振り返ることにより，保育の質の向上を図ることが可能となる。これが保育者を見る目である。さらに，先の図2－1でも強調されているように，子どもたちの評価や保育者の自己評価は，園全体で共有されることが望ましいとされている。保育者が個々に子どもに働きかけるだけでなく，保育所・幼稚園全体が一丸となることで，園として一貫性のある子どもたちとの関わりを生むのである。

　近年では，保育所には外部の評価機関による評価（第三者評価）をできる限り定期的に受け，それを公表することが義務づけられた。また，幼稚園においては，保護者や地域住民などで構成される評価委員会によって，園の評価や情報交換が行われている（学校関係者評価）。子どもの養護，教育を担う保育所や幼稚園は，その役割をしっかりと果たしているのかどうかについて，さまざまな視点から評価が行われているのである。

3 教育評価の視点

　教育心理学では，学習者とそれに関わる教師や学校，カリキュラムなどを評価することを教育評価といい，さまざまな視点による評価の方法が提唱されて

いる。教育評価の方法は，大きく分けて評価のタイミングによるものと評価の基準に注目したものに分かれる。

　まず，評価のタイミングに注目したものが，診断的評価，形成的評価，総括的評価の3つの評価法である。子どもたちの学習や保育の前の状態を事前に評価するのが診断的評価である。特に乳幼児の場合では，個々の子どもの発達の差が激しく，どこまでできて次に何が課題となるのかをしっかりと保育者が把握していることが望ましい。入園間もない乳幼児の場合は，保護者などから情報を集め，適切な関わりを保育者同士で話し合っておくことが求められる。また，学習途中で行われるのが形成的評価である。保育の場合では，保育者の子どもたちへの関わりがどのような影響を与えているのか，そこに改善の余地がないのかどうかについて，随時点検することがこの評価のねらいである。実際に保育の現場では，子どもたちの姿や互いの取り組みについて，保育者同士が頻繁に情報交換を行っている。そのような時間は形成的評価の重要な機会となっている。最後の総括的評価は事後評価のことであり，年度終わりの時期に1年の反省を行うことなどがこれに含まれる。また，卒園の段階になってそれぞれの子どもの保育所生活を総括し，自らの保育を振り返ることも，保育実践の総括的評価として非常に意義深いことであろう。

　評価の基準に注目した評価法としては，集団に準拠した評価（相対評価），目標に準拠した評価（絶対評価，到達度評価），個人内評価がある。まず集団に準拠した評価では，他の子どもたちと比較してどの程度の状態にあるかを見ることになる。学力偏差値は集団の中での相対的位置を示す値であり，集団に準拠した評価に基づいた指標である。この評価法は，集団の中での個々の子どもの様子を見ていく上では重要な観点になるものの，本人に大きな変化が見られたとしても，他の子どもの様子や平均値との比較によってしか評価されないという限界もある。それに対し目標に準拠した評価とは，例えば，服のボタンを自分で留められるようになったかなど，ある基準を決めてそれを達成できたかどうかという点から評価を行う方法である。保育の場合では，園の方針や保育の計画・指導計画に従うねらい，また，望ましい乳幼児の姿などがこの基準

のもととなろう。2001 年に改訂された指導要録では，集団に準拠した評価から目標に準拠した評価へと転換が図られ，現在の教育の現場では，目標に準拠した評価が重視されるに至っている。

　加えて個人内評価とは，その子どもの過去の状態と比較したり，同じ子どもで異なる教科を比較したりする方法である。1 週間前の様子とはどう違うのか，昨年の今頃と比べてどうであるかなど，変化の程度に注目することで，個々の子どもの成長を知ることが可能となる。また，異なる分野や目標について横断的に比較することによってその子どもの得手不得手について情報を得ることができる。

　これらを整理すると，子どもたちを評価する場合に，他の子どもたちと比較するのか，望ましい姿と比較するのか，過去のその子どもの状態や他の領域での様子と比較するのか，といったさまざまな基準から評価を行えることがわかる。いずれかが重要なのではなく，さまざまな観点から子どもを理解し，保育を評価することが必要である。

3節　保育評価の基礎資料を得ること

1　心理学の研究法

　では，どのように評価を行ったらいいのであろうか。保育の現場では，「なんとなくそう思う」という直観だけで子どもたちを評価するわけにはいかない。また，他の保育者や園全体で保育の評価結果を共有するためにも，保育に関わる多くの人々が理解できる形で評価の資料が得られることが望ましい。学問として成立して以降，心理学は人間の様子を客観的にとらえる方法について時間をかけて議論を行ってきた。ここでは，心理学の研究法（調査法，実験法，面接法，観察法）について紹介する。

　まず心理学の代表的な研究法として挙げられるのが調査法（質問紙調査法）である。これはあらかじめ準備された質問項目に，主に紙面上で回答していく

ものである。準備されている選択肢から選んで丸を付ける回答方式のものや，質問項目に対して自由に記述するように求めるものもある。一般的に複数の質問項目から構成された冊子で実施されるが，これは質問紙と呼ばれている。教示や回答方法などを質問紙内の文章で説明することにより集団での実施が可能であり，一度に多くの人々の情報を得ることができるのが利点である。しかし一方で，質問項目への回答以外の情報が得られないこと，文字が読め，文章が理解できることを前提としている点など，限界もある。保育の現場では，主に保護者から情報を得る場合に活用されている（保護者アンケート等）。

　また，古くから用いられてきた方法に実験法がある。これは，原因と結果を探るために，さまざまな条件をコントロールして調べる方法である。例えば，どのように褒めれば，子どもたちがお手伝いをしてくれるようになるのかを知りたいときには，いくつかの方法で子どもたちを褒め，それによってお手伝いの回数がどう異なるかを調べることが可能である。この場合，褒め方による違いを厳密に探ろうとすると，褒め方以外の環境（例えば，部屋の様子，褒める人物，お手伝いの内容など）をすべて一定にすることが求められる。多くの場合では，それらを簡単に調整できる実験室を用いてデータの収集が行われる。厳密な検討により，原因と結果の関係が明らかになるという利点はあるが，保育の評価ではそこまでの厳密さが求められることは少ない。また，保育現場での実施も難しいのが難点である。

　面接法は，対象者と直接対面して質問を行う方法である。通常は，面接室にて面接者1人に対して対象者1人で，あらかじめ決めておいた質問を行っていく。広い意味での面接法には，カウンセリングなどの心の問題の解決・治療のために行われる面接（臨床的面接法，治療的面接法）も含まれる。対象者の理解や心の現象の解明に用いられる面接法は，そのような面接法とは区別され，調査的面接法と呼ばれている。この方法では，対象者の回答にさらに質問を行うことが可能であり，調査法と比較してより細かく深い情報が得られることが利点である。また，会話ができれば実施が可能であり，幼児を対象とした研究でも広く用いられている。一方で一人一人に話を聞くことで時間と手間がかか

るのが難点である。

　観察法とは，目に見える人間の行動から人の心理を探る方法である。観察した様子を記述するだけでなく，数値化する手法も開発されている。例えば，一定時間にある行動が何回起こったのかを数えるイベント・サンプリング法（事象見本法），時間を等間隔に分け，それぞれの時間帯で行動が見られたかどうかを記録するタイム・サンプリング法（時間見本法）などがしばしば用いられている。観察法は，特に言語発達が十分でない乳幼児の研究でも用いられる。

2　実践の中での研究法の活用

　保育の現場では，特に面接法と観察法は，子どもたちの様子をとらえるために日常的に行われる方法である。保育者は毎日，子どもたちの話を聞き，また子どもたちの様子を目で見ている。厳密な研究法ではなくとも，保育者は日々，これに準じた方法で子どもたちの様子について評価の資料を得ているのである。忘れてはならないのが，子どもたちの発達に適した資料の集め方があること，また，それぞれの方法を用いることのメリットとデメリットがあることである。それぞれの方法で見えてくる子どもの側面もあれば，逆に見えにくくなってしまう側面もある。また，子どもたちはすべての保育者に同じ様子を示すとは限らない。保護者との会話や保育者同士の情報交換は，このような面からも重要である。1つの方法で得られた資料は，あくまでも子どもたちや保育の一側面をあらわす資料に過ぎないことを十分に意識し，総合的に評価を行うことが求められる。

4節　外部の専門機関と心理検査

1　相談を扱う関係諸機関

　保育者や保育所・幼稚園によって，保護者や子どもの問題をすべて解決することは不可能である。大事なのは保育者が問題に気づき，適切な機関と早い段

階で連携することである。どのように外部の機関と連携していくのがよいのか，保育者にはその判断が求められる。

　近年では，療育や育児サポート，虐待の問題などがクローズアップされるようになり，専門相談機関の設置も進んできている。例えば，地方自治体の機関としては，子育て支援センター（子育て世代包括支援センター），児童相談所，療育センターなどが設置されているところが多い。また，虐待や非行の問題については警察の相談窓口が対応している。さらに医師会・助産師会による医療相談や，社会福祉協議会やNPO法人による相談対応も行われている。取り組みの詳細な内容や担当部署名などは地域によって異なるため，保育者は連携を取るべき機関やその活動の内容について，十分な知識を持っていることが大切である。保育所や幼稚園は，保護者や子どもたちと社会をつなぐ接点であり，保育者がそのつなぎ目としてしっかりと役割を果たすことが求められる。特に，児童相談所や他の児童福祉施設は，保育所や幼稚園と関わりが深い専門機関・施設であり，その機関・施設の理解やその中での子どもたちの様子を知っておくことは重要となる（14章参照）。

2　心理検査とは

　子どもの理解のために，専門機関ではしばしば心理検査が利用される。心理検査とは，個人の能力や性格，適性等を測定する道具を指すものである（澤田丞司，2004）。これまで心理検査としては，知能を測定する知能検査，心身の発達の状況を調べる発達検査，人格・性格を探る人格検査（パーソナリティ・テスト）などさまざまなものが開発されている。代表的な知能検査，発達検査，人格検査を表2－2に示す。知能検査とは，心理検査の中でも古くから開発がなされてきた検査であり，知的能力の測定のために用いられる。個別式と集団式のものがあり，多くの検査では，複数の課題を与え，それに対する被検査者の反応をもとに知能指数（IQ，13章コラム参照）を算出する。発達検査とは，主に発達の遅れの発見・支援に役立てるために，心身における子どもの発達について調べる検査である。例えば乳児の場合では，寝返りがうてるかどうか，

つかまり立ちができるか
などについて，一般的な
同月齢の乳幼児のデータ
と比較しながら，その子
どもの発達状況を探って
いく。知能検査や発達検
査は，発達遅滞や障害の
ある子どもの早期発見や
支援のために実施される
と同時に，養護や教育を
行う上での参考資料とし
て，各種施設や教育機関，
相談機関，病院，保健所
等で広く用いられている
（詳しくは13章を参照）。

　加えて，人格検査と呼
ばれるものも利用されて
いる。これは個人の気質
や性格を測定するための
検査である。知能検査や
発達検査が個人の能力差
を測定するのに対し，人

表2-2　代表的な心理検査
（知能検査・発達検査・人格検査）

知能検査
ビネー法（田中・ビネー式知能検査， 　　鈴木・ビネー式知能検査） 　　ウェクスラー法（WISC，WAIS） 　　K-ABC 心理・教育アセスメントバッテリー
発達検査
新版K式発達検査 　　遠城寺式乳幼児分析的発達検査 　　津守・稲毛式乳幼児精神発達診断法
人格検査（質問紙法） 　　MMPI 　　矢田部ギルフォード（YG）性格検査 　　EPPS 性格検査 　　モーズレイ性格検査 　　16PF 性格検査 　　CMI 健康調査表 　　GHQ 精神健康調査票 　　POMS 　　STAI 状態―特性不安検査
人格検査（作業検査法） 　　内田・クレペリン検査
人格検査（投影法） 　　ロールシャッハ・テスト 　　TAT 　　文章完成テスト（SCT） 　　P-F スタディ 　　バウム・テスト

格検査は広く個性を測定するものだと考えてよい。例えば，知的能力や発達に
問題がなくとも，常に高い不安を感じていて，なかなか保護者のもとを離れら
れない子どももいる。子どもたちは，ある程度共通のルールに従って発達しな
がらも，一人一人が個性に富んだ心理状態や行動を呈するのである。

　人格検査は，質問紙法，作業検査法，投影法の3種に分けられる。質問紙法
とは，質問紙調査法に対応する人格検査であり，紙に書かれた教示に従って選

択肢を選んでいく方法で検査が行われる。教示や質問項目を理解し，回答できることを前提としているが，多数の対象者に対して実施が可能な検査である。また作業検査法とは，検査を受ける人に一定の作業を行うように求め，その作業の様子や作業量から個性を判断する方法である。これは制限時間内で一桁の数字を足し合わせていくことを求める内田・クレペリン検査などが有名である。また，投影法とは，あいまいな刺激に対して自由な反応を求め，その反応傾向からその個人の心理状況を探る検査を指す。インクのしみのような図が何に見えるかを問うロールシャッハ・テストが広く知られている。特に投影法の実施と解釈には，熟練を要し，長い期間のトレーニングを積んだ専門家によって行われることが望ましいとされている。

3　心理検査の標準化

　遊び半分の「心理テスト」は雑誌等でよく見かけるが，心理検査と呼ばれるものはいくつかの点でそれらとは異なる。心理検査の多くは，一般的に広く使われるようになるまでに標準化という手続きを踏んでいる。標準化の過程では，その検査が測定しようとしているもの（知的能力，発達段階，人格の特徴など）がしっかりと測定できているかどうか（妥当性の高さ）や，検査する状況や時期が異なっても同一の結果が得られるかどうか（信頼性の高さ）がチェックされる。さらには検査の手順に間違いのないように工夫され，可能な限り実施する人や解釈する人の主観が検査結果に影響しないように検討も行われている。松原達哉（2002）によると，よい検査とは，①妥当性が高い，②信頼性が高い，③検査を採点する者の個人的判断が結果に影響しない，④時間もかからず実施が容易で対象者も回答しやすい，⑤採点や評価が容易で誤りが少なくできる，⑥安価で利用できる，の6点を挙げている。現在広く利用されている心理検査は，これらの点について，さまざまな工夫や改訂が重ねられたものが多い。特に子どもを対象とした心理検査では，その結果が子どもの将来に関わる判断のために利用されることが少なくない。したがって，心理検査は人々の心理について有用で妥当な情報を得るための道具でなくてはならない。そのため

に検査の検証と修正が重ねられているのである。

演習課題

課題 1
・保育実践における評価の 3 つの視点とは何か。自分なりの言葉で整理し直してみ
　よう。
・これまで自分が受けてきた評価（表彰，通信簿，定期試験など）はどのような評
　価法によるものか，教育評価の方法（p.32）から考えてみよう。

課題 2
・代表的な心理検査から 1 つを選び，どのような検査なのか調べてみよう。
・子どもを取り巻く問題に対応するさまざまな機関について，自分の住む地域の情
　報を集めてみよう。それぞれ，どのようなことを行っているのか，ホームページ
　などで調べてみよう。

引用・参考文献
学校教育研究所編　指導の改善に生かす新しい学習評価　学校図書　2011
鎌原雅彦・大野木裕明・宮下一博・中沢潤編著　心理学マニュアル　質問紙法　北
　　大路書房　1998
厚生労働省　保育所における自己評価ガイドライン　2009
松原達哉　よいテストの条件　松原達哉編著　心理テスト法入門―基礎知識と技法
　　習得のために―第 4 版　日本文化科学社　pp.24-25　2002
松浦均・西口利文編　観察法・調査的面接法の進め方　心理学基礎演習 vol.3　ナカ
　　ニシヤ出版　2008
澤田丞司　改訂版　心理検査の実際　振興医学出版社　2004
田中耕治　新しい「評価のあり方」を拓く―「目標に準拠した評価」のこれまでと
　　これから―　日本標準ブックレット No.12　日本標準　2010
植野真臣・荘島宏二郎　学習評価の新潮流　シリーズ行動計量の科学　朝倉書店
　　2010

コラム 2

学力偏差値とは何か

　「偏差値」という言葉について，どうやら多くの人々はあまりいいイメージを持っていないようである。しかしどういった計算をした結果の値なのか，それは何の程度を示すのかについてはあまり知られていない。

　A学校とB学校で，それぞれ異なる試験が実施されたとする。もしも2つの学校の平均点が異なれば，80点であったA学校の子どもと，同じく80点であったB学校の子どもで，その評価が同じであってはおかしい。それぞれの学校の平均値からどれだけ上か下か，という点がまず重要になるだろう。これは偏差と呼ばれるが，子どもの得点（素点）からその学校の平均値を引いた値で示される。80点であった子どもの偏差は，平均が70点の場合には10点となる。

　ただし，これだけでは「1点の重み」の違いが問題になる。例えば1点から100点までさまざまな得点の子どもがいる学校と，ほぼすべての子どもが50点から60点の間に入るような学校があったらどうだろうか。おそらく個人差が少ない後者の場合の方が，1点の違いが子どもたちの学習成果の大きな違いを表していると考えていいだろう。そこで，標準偏差と呼ばれる，点数の散らばり具合を表す値を使い，偏差を標準偏差で割ることによって，その「1点の重み」を調節する。これは標準得点と呼ばれ，学力偏差値，体力偏差値，知能偏差値などの偏差値の算出のもととなる得点である。

　標準得点は，実際には細かい値でマイナスの値も取りうる。そこで教育の現場では標準得点を10倍し50を足した値が用いられる。これが学力偏差値と呼ばれるものの正体である（右式）。

　集団の中での個人の位置（相対評価）から個々の学習状況を知る上で

$$学力偏差値 = \frac{素点 - 平均値}{標準偏差} \times 10 + 50$$

は，非常に重要な情報となる。悪いのは学力偏差値ではなく，それを使って個人を一面的に解釈することなのである。

3章 発達観，子ども観，保育観

学習の目標

1　個人の子ども観・保育観と心理学理論の相互関係を考える。

2　ピアジェ，ヴィゴツキーの発達理論を知る。

3　フロイト，コールバーグ，エリクソンの発達理論を知る。

4　学習理論が発達を説明する意義と限界を知る。

― キーワード ―

発達観，子ども観，保育観，ピアジェ，ヴィゴツキー，コールバーグ，フロイト，エリクソン，条件づけ，バンデューラ

1節　日常生活に現れる「○○観」の意味

1　発達に影響する4つの環境水準

　子育てをする親にはそれぞれの育児方針や信念が，学校で教える教師には児童・生徒を教育する教育方針や信念のようなものがいつしか生まれる。しかしながら，それらの方針や信念を支える個人的な保育観や教育観は，親や

表3-1　発達の生態学〜4つのシステム

| マイクロシステム：個人をとりまく家庭あるいは学校など直接的な環境 |
| メゾシステム　　：家庭と学校の間の関係のあり方など，マイクロシステム間の関係 |
| エクソシステム　：教育行政や各種メディアなど，メゾシステムの外の環境 |
| マクロシステム　：文化など，さらにこれら3つのシステムに影響する環境 |

ブロンフェンブレンナー，U.　磯貝芳郎・福富護訳　人間発達の生態学（エコロジー）―発達心理学
への挑戦　川島書店　1996

教師を取り巻く諸条件の影響を強く受けている。ブロンフェンブレンナー
（Bronfenbrenner, U.）は，人間の発達を支える環境には，個人の発達的変化
を取り巻く4つの水準があると考えた（表3-1）。直接的な働きかけに関す
る環境はマイクロシステムといい，その水準はより広いメゾシステムの中にあ
る。さらにそのメゾシステムは，より間接的なエクソシステムに，さらにそれ
がまたより間接的なマクロシステムの系の中にある。このように，われわれの
発達観，子ども観，保育観，教育観などは大きく見れば時代と共に変化し，文
化や社会システムの影響の下に咲いた個人的な経験の蓄積の現れである。

2　○○観の日常的な意味

　○○に関する知識・理解やそれらが果たす意義についての個々人の認識を○
○観（以下「観」と略する）という。例えば，人間の発達については発達観，
子どもについては子ども観，保育については保育観，教育については教育観と
いう語が使われる。説明を続けよう。

　子どもが食事の途中で席を立って遊び始めたとしよう。子どもならよくある
風景である。このとき，Aさんは，「子どもというのは，こういうものだ」「子
どもだからしかたがない。放置しよう」と判断する。これが，Aさんの持つ子
ども観あるいは保育観の現れである。他方，Bさんは，「この子どもは行儀が
悪い」「食事のしつけは早期からしっかりと体得させなければいけない」と考
える。これはもう1つの子ども観，保育観の現れである。つまり同一場面にお
いて，AさんとBさんの間では子ども観，保育観，発達観などが異なり，そ
の現れ方や関わり方が違う。

3章　発達観，子ども観，保育観　　43

「観」とは，例えれば，周りを見る眼鏡（めがね）のような役割を果たすものである。われわれは自分が作り上げた自分用眼鏡を通して，相手をわかろうとしている。だから，食事を中断して遊び始めた子どもに対してAさんはしかたがないと許容し，Bさんは禁止してしつけようとする。この自分用眼鏡，つまり「観」という認識の仕方は，保育実践の重要なキーワードになっている。

それでは，このような「観」はどのようにして形成されるのだろうか。おそらく，保育所や幼稚園，園の方針，保育者自身のこれまでの諸経験，子ども自身の知的・身体的・情動的特徴，保護者からの思いや願いなどが広義の保育観を形成するのであろう。そしてその保育観はブロンフェンブレンナーのいう4つの水準（表3-1）の影響下にあるのだろう。ここでは，その保育観に関わるリストにもう1つ，すなわち心理学研究の成果から学ぶことを加えたいと思う。

3　「観」の心理学的なとらえ方

「観」は心理学的にどう扱われているだろうか。他の研究領域であるが，関連しそうな一例として，パーソナリティの類型論とステレオタイプ（stereotype）の2つを挙げる。

パーソナリティの類型論的アプローチによると，この人はどんな人なのかを考えるとき，われわれは何かの基準に照らして人物をとらえようとする傾向がある。例えば，古くは細長型・肥満型・闘士型という体型を基準にしたクレッチマー（Kretschmer, E.）の病前性格に関する類型論，外向・内向の向性を基準に思考・感情・感覚・直感の4つの働きを組み合わせたユング（Jung, C.G.）の類型論などが知られている。その多くは妥当かどうかに疑問が残るとされるが，現在も血液型による性格類型論など諸説の類型論が生まれてきた。

ステレオタイプは対人認知や社会的認知に関する心理学的な説明の1つである。人の発達に関するステレオタイプにはエイジズム（ageism）と呼ばれるような特に高齢者へのステレオタイプがある。「年寄りは頑固な性格だ」「子どもはこれこれの能力が劣る」などのステレオタイプは，人を年齢だけで紋切り型的に説明しようとしている点で，必ずしもその判断に根拠があるとはいえな

いが，他者理解のメカニズムの1つであることは間違いない。

　以上の類型論的な人物観やステレオタイプ的認知は，われわれが個人的な経験の蓄積から形成した「観」と共通する部分がある。われわれが持つ「観」は，人間理解に役立つ半面，無理に自家用眼鏡を通して得た歪んだ情報であることもある。保育や幼児教育あるいは家庭教育から得られた実践知は，やがては自分なりの子ども観や保育観となる。それは人物評や関わり方に関する自分なりの理論である。心理学的理論は，その子ども観や育児観を広げたり揺さぶることにより，これまでの「観」を自己点検することに役立つ。

4　心理学的理論の性質と発達段階説の特徴

　検証可能で科学的な心理学研究法に基づいて得られた心理学的な成果は，時としてわれわれの常識とは異なる子ども観や発達観を提供する。乳児が思っていたよりもずっと有能な存在であることや，子どもたちが表現する不可思議な論理的判断は心理学実験や心理検査から得られた成果であり，それらは個人的な経験による子ども観や保育観だけでは知ることのできなかった多くの知見である。

　もちろん，発表された心理学的理論は修正のない完成された理論とは限らない。心理学的研究法の発展によって絶えず書き換えられ差し替えられる性質を持っている。また，個人差を説明する理論もあれば，われわれの典型的な行動を説明することに主眼があるので特定個人を説明するのに適さない場合もある。しかしながら，すぐに現場でツールとして使えるか否かといった道具的利用の視点だけで心理学理論の価値を低く見積もることはおそらく間違いである。

　保育に関わる心理学的な発達の理論では，大きくは発達段階説をとる立場とそうでない立場とが区別されている。このうちの発達段階説では，人間の心理学的な構造と機能とが時間と共に質的に変化するとみなしている。ただし，多くの理論では，この質的な非連続性は，前の段階を次の段階が統合していく（すなわち漸成，epigenesis）性質とみなし，前段階の構造と機能が完全に消滅するとは仮定していない。本書の3部15章には諸理論のそれぞれの全貌が，

3章　発達観，子ども観，保育観　45

また各章にはそれぞれ章に沿った部分が詳しく述べられているので，そちらも
あわせて参照してもらいたい。

2節　発達段階に光をあてた子ども観

1　ピアジェによる認知発達理論

　乳児は自力では何もできない存在である一方，外界に能動的に関わる存在で
あることもよく知られている。個人が周囲の環境にどのように適応していくか
に着目して，発生的な認識論を展開したのがスイスのピアジェ（Piaget, J.）で
ある。

　ピアジェによると，2歳頃までの子どもは，周囲や外界に対して，自分の手
を使って対象物に触れたりつかんだりする。対象物を自分の口に入れて舐め
たり吸ったり噛んだりする。この外界に働きかけるパターンや関わり方をシェ
マ（図式，schema）という。子どもはあるシェマを使って対象に働きかけ
（同化，assimilation），同時にシェマはその対象や外界に合うように修正され
る（調節，accommodation）。この同化と調節が繰り返されることによって生
じる認知が発達であると考える。発達初期の2年ほどは思考を言語化すること
が困難であり，視覚，聴覚，触覚，味覚，嗅覚といった感覚による生得的な反
射（reflex）や引き続いての感覚運動によって認知発達を遂げることから，こ
の時期を感覚運動期と呼ぶ。言語やイメージを使うことができるようになると，
それを使って事象を相互に関連づけて扱う（操作，operation）段階，すなわ
ち前操作期と呼ばれる段階に移る（以下は7章，15章を参照）。そして次の段
階では具体的な対象に対して論理的な思考ができる具体的操作期，さらに知覚
に頼らないで抽象的対象について可逆性や相補性などの論理操作による思考が
できる形式的操作期へと進む。

　ピアジェ理論から得られる保育者の役割の1つは，能動的な子どもに対して
知的な好奇心を導くような諸環境を用意したり，子どもからの働きかけに対し

て応答的な諸環境を整えることにある。

2 ヴィゴツキーの文化歴史的理論

旧ソビエトのマルクス主義心理学者のヴィゴツキー（Vygotsky, L.S.）は，子どもの発達に及ぼす文化や歴史的条件を強調した。子どもは周囲の大人との社会的な相互作用の中で育つが，その経験が子どもの頭の中に内面化された何かとなって働くことが発達の過程であるとした。発達の移行の説明は，発達の最近接領域（ZPD；zone of proximal development）という考えによって説明される。ヴィゴツキーによると，子どもには発達的に見て，自分の力で解決できる問題の水準（水準Ⅰ）がある。また，大人や有能な仲間の手助けがあると解決できる問題の水準（水準Ⅱ）がある。この水準Ⅰと水準Ⅱの間の領域を発達の最近接領域と呼ぶ。大人や仲間が，その子どもの発達の最近接領域に働きかけることによって子どもの発達は進む。

ヴィゴツキー理論から得られる保育者の役割は，発達の最近接領域を的確に把握して働きかけるということである。発達には，周囲の大人や有能な仲間とのやりとりを通じての教育的な働きかけが子どもの発達促進に重要であるとすることである。ヴィゴツキーは必ずしも発達段階そのものに言及したわけではないが，発達の最近接領域という考えは，大人側から子どもに対する適切な働きかけが大切だという点で，子どもの発達段階を念頭に置いた理論であるともいえよう。

3 コールバーグの道徳判断3水準6段階理論

社会性の発達の中で重要なテーマとして扱われてきたのが道徳性，攻撃性，養護性，向社会性などである。ピアジェは，子どもの道徳的判断の発達について分析したが，それはある例話に出てくる2名の人物のうちでどちらの行為者の方が悪いかについて，子どもから回答を得て検討したものである。ピアジェによれば，行為の善悪に関する判断は，行為の結果に基づいて判断する客観的責任判断から行為の意図に基づいて判断する主観的責任判断へと発達的に移行

する。

　このようなピアジェ理論を発展させた1人がコールバーグ（Kohlberg, L.）である。コールバーグは道徳的ジレンマを含む例話を提示して，主人公の行為の是非を問い，その理由を検討した。その理論においては，慣習以前の水準（外的な結果を重視），慣習の水準（慣習的秩序や他者からの期待の維持），脱慣習の水準（妥当性と普遍性を持つ原則への志向）という方向に道徳的判断は発達するという。この理論では道徳性と慣習を区別すること，慣習は文化などの影響を受けること，道徳的判断には発達の順序性があることなどを提唱している。これは大人の考えや社会の慣習を知るということを考慮する点で，ピアジェの理論とは異なっている。

　コールバーグの理論では罰や権威などの公正な判断に関心があったが，ギリガン（Gilligan, C. 1986）は多くの女性が重視する「配慮と責任の道徳性」に着目し，コールバーグとは別の道徳的判断の発達を主張した。また，アイゼンバーグ（Eisenberg, N.）は思いやり行動のような向社会性に関する発達段階理論を提唱した。

　このようにパーソナリティの社会的な側面に関して，特に認知的な部分に光をあてた多くの発達理論が生まれたが，これらの理論は保育者が，子どもの発達段階と具体的なしつけなどの学習とを区別する上で有用な示唆を与える。例えば，コールバーグの理論では大人の役割が重視される点が，ピアジェの道徳的判断の理論とは異なるところであり，その違いの是非は保育実践の中で保育者が自分なりに検証していくことができる。

4　フロイトの精神―性的発達理論とエリクソンの心理―社会的発達理論

　フロイト（Freud, S.）は，神経症に苦しむ患者の治療経験から，精神―性的（psychosexual）発達段階説を提唱した。彼の理論においては人間の性的エネルギー（リビドー，libido）が仮定され，それが口愛期（口唇期），肛門期，男根期（エディプス期），潜在期，性愛期（性器期）という5つの質的に異なった発達段階を経て，心的な構造と機能が変化していくのだとみなした。生得的

な性的欲求としてのイド（Id）の現れ，学習による超自我（superego）の形成，その調整機能としての自我（ego-self）の発達には，個人の経験や社会規範あるいは文化などの内面化された知識が関わるので，例えば乳幼児期の親子関係が非常に重要となる。

フロイトの理論は，文化人類学，精神医学などに多大な影響を与えてきた。とりわけ発達心理学においては，父―母―子の3者関係の枠組みの下で親の養育法や養育態度が子どものパーソナリティ形成に大きな影響を持つという刺激的な理論的役割をもたらした。ボウルビィ（Bowlby, J.W.）は，行動学的な観点から母子関係（養育者―子関係）に着目して愛着（アタッチメント）理論を提唱した（本書 p.127 参照）。マーラー（Mahler, M.S.）は母子，特に乳幼児の分離―個体化4過程（分化期，練習期，再接近期，個体化の確立と情緒的対象恒常性）の理論（本書 p.124 参照），ブロス（Blos, P.）は青年期を個体化の第2段階としてとらえる青年期5段階（前青年期，初期青年期，中期青年期，後期青年期，後青年期）の自我発達理論を提唱した。

エリクソン（Erikson, E.H.）もまたフロイトの理論を継承したが，特に対人関係や情緒と関わるような自我発達の理論を展開した。エリクソン理論の特徴は，成人期以降も想定して老年期へと至る生涯発達を構想した点にある。エリクソンは8つの発達段階それぞれには特有の危機（クライシス，crisis）があり，それにうまく対応することで次の自我発達段階へ至ると考えた。例えば，フロイトの口愛期（口唇期）とほぼ対応するエリクソンの心理―社会的発達段階では，その心理―社会的危機「信頼対不信」は主として子育てを行う養育者との関わりの中で扱われる。このように，養育者のしつけ方針や社会的状況の文化的所産として自我発達への人的な関与を検討した点で，エリクソンの理論は発展性を備えたものとなった。

3章　発達観，子ども観，保育観　　49

3節　学習としての発達と発達支援・教育

　多くの発達段階説の中には，各発達段階の特徴をうまく描写・説明すること
にかなり成功した理論があるが，それでは移行に伴ってある段階から次の段階
へとどのように機能的に発展していくのかというと，それは必ずしも明らかで
はない。どのような条件が整えば次の段階へと進むのかは明確にはされていな
い。

　この問いに対する答えを導く試みの1つは，その変化を学習として説明し
ようとする立場から得られるだろう。生得的な反射をベースにしたパブロフ
（Pavlov, I.P.）を出発点とする古典的（リスポンデント）条件づけ理論（本書
p.56参照），オペラントの随伴としての強化により反応をコントロールする立
場のスキナー（Skinner, B.F.）のオペラント（道具的）条件づけ理論（本書 p.88
参照），試行錯誤の反応がなくてもお手本（モデル）を観察することによって
も学習が成立するとしたバンデューラ（Bandura, A.）の社会的学習理論（の
ちに社会的認知理論）などは，学習以前と学習成立後の因果分析や時系列的連
鎖を実験的研究により定式化して行動変容のメカニズムを明らかにすることに
貢献している。これらの理論からもたらされた学習の原理は，養育者が子ども
たちの発達支援の具体的な場面において，どのような働きかけをするとどのよ
うな効果が得られるかについて，多くの具体的で現実的な知見を提供している。

　ただし，学習による行動の変容が必ずしも発達に結びつくといえないのは当
たり前のことである。学習は発達のコースのメカニズムに関与する諸条件のい
くつかを可能性として示しているにすぎないからである。

4節　子どもは無力か有能か──2つの極端な子ども観，教育観

　乳幼児は自分ではほとんど何もできない存在であるから大人が教えたり導い
たりしなければならないとする子ども観がある一方，子どもの自発的な学習を

引き出し育てるという子ども観がある。例えば，望ましくない道徳的行動を見たときに，前者では大人が子どもを厳しく教えしつける育て方になり，後者では子ども自身が気づいて自発的に止めるのを待つ育て方になる。

　もちろん，実際の子育てや教育場面では，保育者がこのような極端な関わり方を一貫して行うことは少ない。実際には子ども観や保育観は自らの経験によって絶えず形成され書き換えられていく。そして，心理学的な諸理論を知ることによっても，自らが経験しなかった有用な代理的経験を知る手だてになる。

　園や施設では，多くの保育者・教育者が，日々，子どもたちと関わっている。したがって，各自は経験に裏打ちされ信念に至るような子ども観や保育観を形成し，また，そのような子ども観や保育観に導かれた実践を展開していく。現場の経験から磨きあげられた実践知は非常に実用的であり，実効性があることも多い。

　他方，近年の発達心理学は科学的な手続きを踏んだ研究成果を示していて，ある程度の普遍性や汎用性を帯びているものも多い。したがって，実践のヒントになることもある。

演習課題

課題1
・心理学理論や研究が自分の知識や考えと異なっていたら，あなたはその理論をどのように評価するか考えてみよう。
・フロイト，エリクソン，ピアジェ，ヴィゴツキー，スキナー，バンデューラの理論のうちで発達段階説の立場にない理論の提唱者名を挙げてみよう。

課題2
・あなたや身近な人について，付けられた名前の由来を調べよう。そして，名付け親が親の子ども観と関わるかどうかについて，あなたの見解と根拠をまとめよう。

・いわゆるキラキラネームについて，あなたの考えをまとめてみよう。

引用・参考文献

ブロンフェンブレンナー，U.　磯貝芳郎・福富護訳　人間発達の生態学（エコロジー）
　　—発達心理学への挑戦—　川島書店　1996

ギリガン，C.　岩男寿美子監訳　もうひとつの声—男女の道徳観のちがいと女性のア
　　イデンティティー　川島書店　1986

後藤宗理編　保育現場のコミュニケーション—発達心理学的アプローチ—　あいり
　　出版　2008

コールバーグ，L.　永野重史監訳　道徳性の形成—認知発達的アプローチ—　新曜社
　　1987

成田朋子　子どもは成長する，保育者も成長する　あいり出版　2008

大日向雅美・荘厳舜哉編　子育ての環境学（実践・子育て学講座3）　大修館書店
　　2005

トーマス，R.M.　小川捷之・林洋一・新倉涼子・岡本浩一訳　ラーニングガイド児童
　　発達の理論　新曜社　1985

コラム 3

初期西ヨーロッパの子ども観

当時のヨーロッパに広まっていた子ども観は次のようである（トーマス，1985）。

1. ヨーロッパ ピューリタン的子ども観（19世紀中頃まで）

(1) 子どもは生まれながらにして悪であり，そのような本然的状態から指導によって遠ざからなければ，罪を犯すようになるものである。

(2) 子どもは何の知識もなしに生まれてくる。すなわち，自分の罪深さや，どのようにして善い人生を送るべきか，ということに充分知識を持っているとはいえない。

(3) 子どもは生まれながら，学ぶ能力を持っている。（以上訳書 p.59）

2. ルソーとフレーベルの子ども観

以上を性悪説とするならば，フランスのルソー（Rousseau, J. J.）やドイツのフレーベル（Froebel, F.）は性善説の子ども観を唱えた。ルソーは，著書『エミール』（1762）の中で，子どもは性来は善の存在であるとして，いわゆる自然主義教育を提唱した。ルソーの考えには女性の能力に対する偏見があるものの，その後の研究者や教育実践家に大きな影響を与えた。フレーベルも子どもの本性は善であるとして，1840年には世界で初めての幼稚園を開設した。幼稚園は Kindergarden（子どもたちの庭）という意味で，子どもの成長を植物の生長になぞらえたのが由来だという。

これらと比較すると，今日の発達心理学における諸理論が卓越していることがわかるだろう。

引用・参考文献

トーマス，R.M. 小川捷之・林洋一・新倉涼子・岡本浩一訳 ラーニングガイド児童発達の理論 新曜社 1985

第 2 部　子どもの発達の理解

4章 乳幼児の発達と環境

学習の目標

1 子どもの育ちに影響する要因を全体的な視点から把握する。

2 遺伝と環境の相互作用を歴史的経緯と現在の事実に基づいて理解する。

3 子どもが育つ環境を文化的・歴史的側面から理解する。

キーワード

遺伝，環境，経験説，生得説，相互作用，行動遺伝学，文化差，歴史

1節　子どもの育ちに関わる要因

　人間は生まれた瞬間には歩くことも話すこともできないが，やがて2本の足で歩き，言葉で他者とコミュニケーションをとるようになる。誰もがそのような共通性を持ちながらも，一人一人の子どもはそれぞれに多様な発達を示す。発達を理解するためには，まずこの共通性と多様性という2つの視点を持つこ

とが必要である。

　発達の共通性と多様性は何によって生じるのであろうか。二足歩行など，ほとんどの人間に共通する行動は遺伝の働きに端を発する。しかし，日本人であればほとんどの人が文字を読み書きできるといった，教育環境によって生じる共通性もある。また，子どもを取り巻く環境は，母親，保育者，他の子どもといった人間関係，動植物や玩具，絵本などとの出会い，家族旅行の経験など，実に変化に富んでおり，それらは発達の多様性に大きく寄与しているだろう。しかし，子どもが両親から受け継ぐ遺伝的な素質についても千差万別であり，多様性についても遺伝的影響を無視することはできない。つまり，発達の共通性・多様性それぞれに，遺伝要因と環境要因の双方が関わっていると考えられるのである。

　本章では，子どもの発達が，子どもと子どもを取り巻く環境内の人や自然，事物，出来事などとの相互作用の結果として進んでいくことを，遺伝と環境という2つの大きな要因から概観する。その上で，実際に子どもが育つ環境を文化，歴史の観点から考える。

2節　「氏か育ちか」
——遺伝と環境をめぐる理論的対立の歴史

　自分の姿を鏡で見てみると，目元や背格好など，自分の親族に似ているところがあるのではないだろうか。これは遺伝である。同時に，われわれは経験した出来事からさまざまな影響を受けている。これは環境の影響といえる。それでは，人間の発達にはどちらが決定的に作用するのであろうか。この「氏か育ちか」という問いは，長らく議論の的であった。

　環境の立場にたった代表的な心理学者としては，ワトソン（Watson, J.B.）が挙げられる。ワトソンは，心理学は科学的であるべきであり，目に見えない心ではなく，目に見える行動のみを対象とすべきと考えた。この行動主義

（behaviorism）の基盤となったのは，生理学者パブロフ（Pavlov, I.P.）が発見した古典的条件づけ（classical conditioning）である。イヌにエサを与えれば，唾液が出る（無条件反応）。メトロノームの音を聞かせたとき，そのイヌは何事かと耳をそばだてるだけであろう（定位反応）。しかし，この音を聞かせながらエサを与えること（対提示）を繰り返すと（条件づけ），やがてエサを与えなくとも同じ音を提示するだけで唾液が分泌されるようになる（条件反応）。ワトソンは，人間の行動はこの条件づけをベースとした刺激に対する反応の学習の積み重ねだと考えた。このように，人間の発達において遺伝の影響を最小限にとらえて経験を重視する考え方を経験説という。

　遺伝をより重視する考え方は生得説と呼ばれる。ゲゼル（Gessel, A.L.）は，遺伝的に規定される身体・神経系の成熟を重視した。彼は教育・学習は成熟によりそれに適した準備状態（レディネス，readiness）になっていないと十分な効果を上げられないとした。これに対し，経験説の立場からはさまざまな批判が加えられた。特に，幼少時に動物によって育てられたために，言葉や二足歩行を習得できなかったとされる野生児に関する報告をもとに，環境を重視すべきとする批判がなされた（現在，この野生児の報告は大変疑わしいとされている）。これに対し，ジェンセン（Jensen, A.R.）は極端に劣悪な環境条件では遺伝の影響は十分に現れないが，一定の水準（閾値）以上の環境条件では遺伝が優位に働くとする環境閾値説により反論した。

　以上の「遺伝か環境か」という二者択一に対し，「遺伝も環境も」という立場をとったのはシュテルン（Stern, W.）であった。彼は，遺伝要因と環境要因が寄り集まって（輻輳して）さまざまな発達として現れてくるという，いわば足し算の考え方による輻輳説を提唱した。同様の立場をとったルクセンブルガー（Luxenburger, H.）は，遺伝のみ，環境のみの形質はないとした上で，どのような割合で作用するかは特性によりさまざまであるとした。しかし，この考え方も，遺伝と環境の要因それぞれが独立に作用するとみなしている点では，経験説・生得説と同様であった。そこで，遺伝と環境は独立したものではなく，むしろ個体を通して遺伝と環境が相互に影響し合うとする相互作用説が

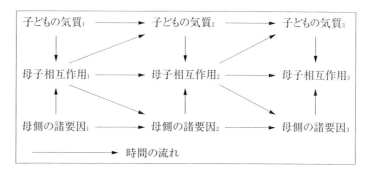

図4-1 母子相互作用の時間的な流れ
三宅和夫 シリーズ人間の発達5 子どもの個性—生後2年間を中心に 東京大学出版会 1990

あらわれた。一例として，相乗的相互作用モデル（transactional model）がある。これに基づいて母子の相互作用を説明すると，図4-1のようになる。発達のごく初期の子どもには遺伝的基礎を持つ行動的特徴である気質があり，養育者側にはパーソナリティや養育態度などの諸要因がある。その上で，母子相互作用により子どもだけでなく養育者側の諸要因も影響を受けて変化すると考えるのである。

3節 遺伝と環境の相互作用

1 遺伝と行動傾向

ヒトは生物であり，動物であり，哺乳綱霊長目の一種である。生物である以上，遺伝情報を媒介する遺伝子を持ち，遺伝子によってさまざまな特性（遺伝学では形質と呼ぶ）が親から子へと受け継がれていく。人間としての生命の始まりである受精時に，卵子と精子それぞれに由来する染色体が組み合わされる。DNA（deoxyribonucleic acid）は染色体中に折りたたまれて存在する物質であり，これに遺伝子が含まれている。

ある形質に対応する遺伝子の構成は遺伝子型，その遺伝子型をもとにして実

際に表現される形質は表現型と呼ばれる。もし，表現型と遺伝子型の関係がすべての場合において一対一で対応しているならば，このように分ける必要はない。しかし実際の DNA 中には，ほぼ一定の表現型を示す遺伝子がある一方で，発現しない形質の遺伝子や，環境の影響を受けて多様な表現型として発現する遺伝子も含まれている。

　行動遺伝学という分野では，多くの行動形質に遺伝の影響があること，すなわち遺伝規定性があることをヒトも含むさまざまな動物種において示してきた。例えば，遺伝型が異なるマウス群を，オープンフィールドと呼ばれる上部が開放されただけの何の変哲もない1メートル四方の箱に1匹ずつ入れ，その活動性（移動量）を測る。すると，よく動くマウス，あまり動かないマウスがおり，その中から最もよく動いたオスとメス同士を交配する。次に，それらの両親から生まれた子どもの中で最も高活動なオスとメス同士を再度交配する。ある研究においてこれを30世代繰り返したところ，その系統の両親から生まれたマウスは皆，遺伝的に等しく，かつ高活動を示した。低活動についても同様であった。この結果は，少なくともマウスにおいて，遺伝が活動性に影響することを明らかに示している。

　人間の行動遺伝学の研究では，双生児法を用いた研究が行われてきた。一卵性双生児は，100％一致した遺伝子型を持っている。二卵性双生児の場合は，きょうだいと同じく，およそ50％の一致率である。この前提をもとに一卵性と二卵性の双生児を比較した場合，前者の方がペア同士でより類似しているならば，その程度に応じて遺伝の寄与が高いことになる。ある研究では，小学校の英語が必修化されていなかった当時に，数十組の小学6年生の双生児に1週間の英語訓練を受けてもらった後で，テストや質問紙によって話す・聞く・読む・書く・文法理解・意欲を調べた。図4－2はそれぞれの形質における双生児ペアの類似度を級内相関係数によって示したものである。級内相関係数は，双生児ペアの得点が低かろうと高かろうと，互いに似た得点であればあるほど高くなる（コラム4参照）。結果として，聞くこと以外の形質ではすべて一卵性双生児同士の方が二卵性双生児同士よりも類似しており，遺伝規定性があること

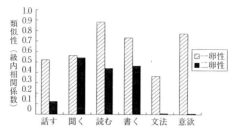

図4−2 英語訓練の実験における各技能や意欲の双生児相関
安藤寿康　心はどのように遺伝するか　講談社　2000

が示された。その他，知能指数，うつの傾向など多様な形質において遺伝規定性が明らかにされている。つまり，「人間の心理的形質が身体的形質と同様に多かれ少なかれ遺伝の影響を受けていることは紛れもない事実」（安藤寿康, 2000）といえる。

2　遺伝と環境の相互作用

　人間の行動，あるいは心理的特徴の多くは，程度の差はあれ，遺伝規定性を持つ。しかし，「遺伝ですべてが決まる，遺伝こそが重要」と誤解してはならない。「影響を受ける」ことと「すべてが決定されている」ことはまったく違う。前項で述べたように遺伝子型と表現型は常に一対一の関係とは限らない。植物ですら，まったく同一の遺伝子を有していても，気候，土壌などさまざまな環境の影響を受けて，葉の数や果実の味などが変化する。

　子どもの発達における遺伝子と環境の関係を示唆する科学的知見の１つとして，モノアミン酸化酵素（MAO）遺伝子と虐待経験の関係が挙げられる。MAOは主に脳などの神経系に存在し，その一種であるMAOAは活性度が低くなると攻撃性を高めるといわれている。そこで，遺伝的なMAOA活性度の高低と虐待経験の程度で条件を分け，反社会性行動を調べた結果が図４−３である。MAOA活性度が低い子どもは，厳しい虐待を受けると高い反社会性を示すが，虐待経験がまったくなければ，むしろMAOA活性度の高い子どもに比べて低い傾向がある。虐待を受けた経験のある子どもは，そうでない子ども

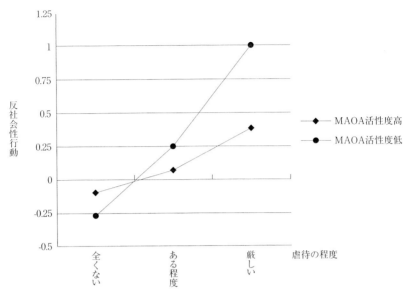

図4-3 反社会的行動に及ぼすMAOA遺伝子と虐待経験の交互作用

遠藤利彦編　発達心理学の新しいかたち　誠信書房　2005

に比べて攻撃行動，自傷行為などを示す傾向が高いといわれているが，この環境の効果を強調しすぎると誤解を生みかねない。虐待を受けたとしても反社会的行動を示しにくい子どももいる。遺伝子のタイプによって，経験による影響も異なってくるのである。

　行動遺伝学において発達における遺伝と環境の関わりを説明するものとしては，遺伝と発達の相関仮説がある。この説では，主に3種類の遺伝と環境の相関が発達のプロセスに存在するとしている。

　まず，親が遺伝的に運動能力に優れていて，子どもにもその素質が遺伝したと仮定しよう。このような場合，親は運動好きであることが多く，それゆえに子どもにも運動をさせるような環境を作り上げる可能性がある。すると，運動好きの親から生まれた運動の素質がある子どもは，その素質だけでなく，同時にそれを伸ばすような環境も与えられることになる。このように，子どもの遺伝的資質と相関する環境が自分の親など近しい相手から与えられることを受動

4章　乳幼児の発達と環境　　61

的相関という。

　次に，運動の遺伝的素質がある子どもが，受動的相関の影響もあり，実際に高い運動能力を示したとしよう。すると，周囲から褒められたり，代表選手に選ばれたりするため，さらにその素質を伸ばす機会に恵まれる可能性が高くなる。これは本人の遺伝的素質が，周囲の環境からその素質を伸ばすような機会を誘導し引き出すという意味で，誘導的相関と呼ばれる。

　運動の遺伝的素質がある子どもは，さらに，自分から進んで運動に適した環境を選んだり，自分の時間をできるだけ運動に費やしたりする。例えば，毎日練習漬けの野球やサッカーの名門校に進学したりする。このような，遺伝的素質により能動的に環境を選び，さらに素質を伸ばそうとする経験を得ようとすることを，能動的相関という。

　以上のように遺伝と環境の相関を見ていくと，遺伝的素質は環境を通してこそ発現するということだけでなく，環境すらも遺伝から影響を受けて変化することが理解できる。以上を踏まえると，子どものさまざまな行動やその発達を考えるときに，単純に子ども自身のこととして考えるだけでは，当人の理解には不十分であることがわかる。その子どもを取り巻く親，保育者，さらにはそれらを大きく取り巻く社会的な状況など，すべてが関わっていると考えて差し支えないのである。

4節　子育て環境としての文化

1　子育ての文化差

　子どもの発達は遺伝と環境が互いに影響を与え合いながら進んでいくが，実際の子どもの発達を理解するためには，子ども自身がどのような環境において日々生活し，育っているかを理解せねばならない。保育者として，より幅広い視点から子どもが育つ環境を考えることが望ましい。

　子どもが育つ場である家庭のあり方は，個々の家庭，地域，さらには国に

よっても違う。2005年に行われた各国の家族と子育てに関する調査結果によると，フランス，スウェーデンではほとんどが核家族であるが，タイでは祖父または祖母を含む三世代世帯，さらには叔父，叔母なども同居する拡大家族世帯も珍しくない。日々の生活で子どもに関わる人数が国によってかなり違うことがわかる。また，家族の中で子どもに関わる大人の経験も異なる。図4-4は，親になることに関する経験や学習を各国で比較したものである。欧米ではベビーシッターのアルバイトが普及しており，特にアメリカでは母親の半数以上が他所の家のベビーシッターを経験したことがある。一方，日本・韓国では育児書から育児を学ぶ割合が最も多く，自らが親となる前に実際に責任を持って子どもの世話を継続的に行った経験が少ないといえる。

家庭を取り巻く社会状況も国によって千差万別であり，例えば韓国では早期教育熱が高く，幼児向けの習い事塾である学院（ハグォン）と呼ばれる施設に通う子どもが相当数いる。また，フランスでは離婚率が高く，そもそも子ども

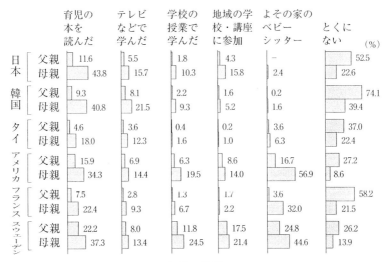

図4-4 親になることについての経験や学習
牧野カツコ・渡辺秀樹・船橋惠子・中野洋恵編著　国際比較にみる世界の家族と子育て　ミネルヴァ書房　2010

が生まれても結婚をせずに育てることも珍しくないため，子育てのための手当や保育制度が整備されている。スウェーデンは高福祉の国の1つとして有名であるが，子育てにおいても，父親・母親が共に仕事と育児を両立できるようにするための育児休業制度が整備されており，父親の育児への参加が大きな特徴といえる。このような文化差の1つの現れとして，子どもが15歳のときに1人で働いて報酬を得ることができると思う，あるいはできていたと答えた親の割合は，日本，韓国では2割に満たないのに対し，アメリカでは男子・女子とも8割を超える（図4-5）。家族のあり方，社会状況などの文化差は子どもの育ちのさまざまな側面に影響を与えていると考えられる。

　交通，情報通信の手段が発達した現在では，国を越えて異なる文化同士が接する機会も多い。国内であっても，地域によって，あるいは個々の家庭によっても教育方針や日々の暮らし方など多くの面で子育ての文化は違うだろう。保育所には外国人や国内の他地域から移動してきた子どもも含め，さまざまな文

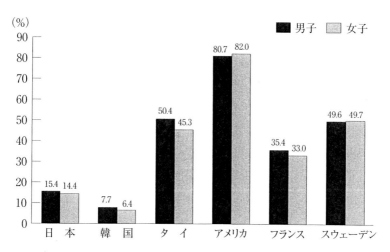

図4-5 子どもが15歳のときに1人で働いて報酬を得ることができると思う，またはできていたと答えた親の割合

牧野カツコ・渡辺秀樹・船橋惠子・中野洋恵編著　国際比較にみる世界の家族と子育て　ミネルヴァ書房　2010

化的背景を持つ子どもが預けられる。親子の背後にある文化を意識して発達と
子育てを援助する必要があるといえる。

2　日本における子育て環境の変遷

　現在，日本では主に母親が子育ての担い手となっている。しかし，歴史をさ
かのぼれば，常にそうであったわけではない。今でこそ栄養バランスに優れた
粉ミルクを容易に入手できるようになったが，それはこの数十年のことであ
る。それ以前は，母親の母乳が出ない場合，庶民の間では母乳が出る他の人か
ら「もらい乳」をすることが一般的であったようである。貴族や武士のような
階級の家庭であれば乳母がおり，単に授乳をするというだけでなく，子どもの
しつけや教育も行い，親密な関係を持ち続けた。江戸時代，三代将軍徳川家光
の乳母であった春日局が政権に大きな影響力を持ったことはその一例といえる
だろう。授乳環境1つをとっても，単に栄養の問題だけではなく，育ち全体に
関わった時代があったのである。

　子どもが自立していく道筋においても，時代により大きな違いが見られる。
農耕生活が確立した弥生時代以降，子どもには農作業などの仕事に必要な知識
が伝達されていったと考えられており，中世の絵画資料に描かれている子ども
の姿には，大人の仕事を手伝うものも多く見られる。14世紀初頭に描かれた
とされる「春日権現験記絵」の一部に，建築現場で木くずを片づけたり，子ど
も同士でふざけ合ったりする姿が描かれている。おそらくこの頃では，大人の
仕事の現場で働く子どもの姿は珍しいものではなく，時にまじめに，時に遊び
半分で，自立するための仕事の仕方を徐々に身につけていたのだと考えられる。
現代の日本では，子どもは大人社会とは分離された学校で教育を受けているが，
それが終わると同時に就職し，すぐに社会人として自立せねばならない。その
年齢も，この数十年間の高学歴化に伴って徐々に高くなっている。

　子どもは遊びを通して多くのことを学んでいく。では，子どもの遊ぶ環境は
どのように変わってきたのだろうか。中世では動物や草花などの自然物による
遊びが中心であり，凧や水鉄砲などの玩具，赤本と呼ばれる子ども向け絵本が

普及したのは江戸時代からといわれている。明治時代末頃からはブリキの模型やガラスのビー玉など素材に変化が生じ，やがて昭和後期にはテレビゲームが登場した。現代の子どもは，テレビ・ビデオ，ゲームなどさまざまなメディアや玩具に囲まれて遊んでいる。

　以上のように，歴史をさかのぼってみれば，同じ日本という国の中でも子どもが育つ環境は大きく変化していることがわかる。今を生きるわれわれにとって，昔の子育ての環境から学ぶことは多い。また，現在の子育て環境も不変ではなく，時代に合わせて今後も変化していく可能性が高い。その変化に応じた保育が求められるようになることを念頭に置いておく必要があるだろう。

演習課題

課題 1
・図4－1の相乗的相互作用モデルに基づいて，子どもの気質，母側の諸要因をそれぞれ具体的に考えて，どのような相互作用の経過をたどるかを考えてみよう。
・あなたが興味を持っている子どもの能力または性格特徴を1つ挙げ，それを，あなたと両親の関係に置き換えて，遺伝相関の観点から考えてみよう。

課題 2
・異なる複数の国における保育制度や子育て環境を調べ，比較して，それが育ちにどのような影響を及ぼしているかを考えてみよう。

引用・参考文献
安藤寿康　心はどのように遺伝するか　講談社　2000
遠藤利彦編　発達心理学の新しいかたち　誠信書房　2005
黒田日出男　絵巻　子どもの登場　河出書房新社　1989
牧野カツコ・渡辺秀樹・舩橋惠子・中野洋恵編著　国際比較にみる世界の家族と子

育て　ミネルヴァ書房　2010
中島義明・繁桝算男・箱田裕司編　新・心理学の基礎知識　有斐閣　2005
プロミン，R.　安藤寿康・大木秀一訳　遺伝と環境—人間行動遺伝学入門—　培風館
　　　1994
ラター，M.　安藤寿康訳　遺伝子は行動をいかに語るか　培風館　2009
柴崎正行・安齊智子　歴史からみる日本の子育て　フレーベル館　2005
鈴木光太郎　オオカミ少女はいなかった　新曜社　2008

コラム 4

事象間の関係──独立と相関・因果

物事の間には何らかの関係が存在する。「関係がない」ということも，矛盾するようではあるが，関係の1つである。例えば，もしABO式血液型のどの型においても神経質な人が同じ割合で含まれていたならば，血液型と神経質かどうかの間に関係はない。このような場合，血液型と神経質さは独立である，という。これに対し，物事の間に関係がある場合，大まかには相関，因果という2つのタイプに分かれる。

相関とは，どちらが原因かはっきりとしていない，またはどちらも原因ではないが，一方が増えれば他方も増える，または他方は減るといった関係を指す。これに対し，因果は一方が他方の原因であることが明らかな関係である。因果関係を示すためには，相関関係に加えて，原因とされる事象が必ず先に起こり，かつその関係は他の事象からの影響を受けないことが必要である。

例えば，朝食を毎日食べる子ほど，学業成績が高いという報告がある。この場合，朝食の摂取と学業成績の間に相関関係が見られる。しかし時間的順序ははっきりしておらず，「朝食→成績」だけでなく，「成績が上がったことに気をよくして生活習慣を見直した」可能性もある。また，成績がよい子は「元々まじめだから」朝食も毎日摂るのかもしれない。したがって，勉強をせずとも朝食さえ摂っていれば成績が上がるという，文字通りおいしい話は，残念ながら保証されていないのである。

テレビ・インターネットなどのメディアにより多種多様な情報が氾濫している現代において，いま目の前にしている関係がどのようなものかを慎重に吟味する姿勢を持つことは有益だろう。特に，相関を因果ととらえてしまう誤りが起こりやすいので注意したい。

5章 乳幼児期の情動と自我・自己の発達

学習の目標
1 乳幼児期における情動の出現の流れを理解しよう。
2 乳幼児がどのように「自分」を理解するようになるのか理解しよう。
3 乳幼児期における養育者との愛着関係を理解しよう。

─ キーワード ─

情動，情動の分化，視覚的断崖，身体的自己，口紅課題，愛着，安全基地，
内的作業モデル，ストレンジ・シチュエーション

1節 情動とその発達

1 情動とは

「喜び」「悲しみ」「怒り」。「喜怒哀楽」と日常的に呼ばれるこれらの「感情」
は，心理学では「情動（emotion）」と呼ばれる。日常的に使われている「感
情（feeling）」「気分（mood）」という用語との相違を押さえながら（表5-1），

5章　乳幼児期の情動と自我・自己の発達　　69

表 5 - 1　「情動」「気分」「感情」の相違

情動（emotion）	顔の表情・体の反応として直接出現する場合だと数秒単位，覚えているよう言われる場合だと数分から数時間単位の現象[1]
気分（mood）	数時間から数日，数週間単位で続く弱い感情[1]
感情（feeling）	日常用語。心理学では「情動」の意識化された主観的成分を強調する際に使用。[2]

※ 1：Oatley, K., Keltner, D., & Jenkins, J. M. *Understanding Emotions*. Blackwell Publishing, 1996
※ 2：有斐閣　心理学辞典　「感情」の項

　この章では「情動」について見ていこう。

　「喜怒哀楽」というと 4 種類の情動が想定されるが，情動に含まれる基本的な要素について，例えばエクマン（Ekman）は「ビッグ 6」として「喜び」「驚き」「怒り」「恐れ」「嫌悪」「悲しみ」を挙げている。このような人間の「情動」についての考察は，「進化論」で有名なダーウィンから始まる。ダーウィンは哺乳類の顔・声・姿勢に表れる「情動表出」と，ヒトのそれの間に共通性，普遍性が見られることを強調し，進化の過程において情動が出現，定着したものであるとした（遠藤利彦，1996）。つまり情動とは人間のみが持っているわけではなく，またその人の内に秘められた主観的なものでもないことがわかるだろう。

　その後，心理学者による情動に関する説がいくつか出てきたが，そのうち主要な 2 つの説を紹介しよう。1 つは「ジェームズ・ランゲ説（感情の末梢説）」である。ジェームズ（James, W., 1892）は「悲しいから泣き，怒るから殴るのではなく，泣くから悲しい，殴るから怒る」と主張し，その 1 年後にランゲ（Lange, C.）の提出した説もこの考えに類似していたことから，そのように呼ばれている。一見，通常の認識とは逆のようにも思えるが，身体的影響（反応）が起こり，その後無数の種類の情動や情動的観念が喚起すると仮定する考えである（遠藤，1996）。この説は，その後さまざまな学説を生み，現在の心理学における情動の理論の中心的存在となっている（濱治世ほか，2001）。

　2 つ目は生理学者のキャノン（Cannon, W.B., 1915）による「キャノン・バード説（感情の中枢起源説）」で，ジェームズ・ランゲ説に対して批判を投げか

けたものである。キャノンは，恐れや怒りなどの情動を引き起こす刺激は視床（現在の視床下部）を経由して大脳皮質に達し，ここで選択された刺激が視床の抑制を解除し，そして視床は大脳皮質に信号を発して，恐れなどの情動を体験させ，同時に生理的反応も引き起こすと主張した（有斐閣『心理学辞典』，「キャノン・バード説」の項）。バード（Bard, P.）がその後，皮質を除去した動物実験によりこの説を検証したことから，2人の名前を合わせてこのように呼ばれている。この立場の考えは，現在では心理学よりも生理学的な神経回路網の研究に重点が移っている（濱ほか，2001）。

2　情動の発達と行動

　人間の情動は生まれたときに，どの要素もすでにそろっているのだろうか。それとも年齢が上がるにつれて，数少ない基本的・中心的情動から徐々に多様な情動に分かれて現れてくるのだろうか。この問題は，乳児の観察を通して明らかにされてきた。ブリッジス（Bridges, K.M.B., 1932）は，児童養護施設を定期的に訪れ，生まれてから2年の間に情動が分化すると主張した。生まれてすぐに存在しているのは「興奮」のみであり，3カ月頃には「興奮」から「苦痛」と「喜び」が分化，6カ月頃にはさらに「苦痛」から「怒り」「嫌悪」「恐れ」が分化し，12カ月頃には「喜び」から「意気揚々，elation」「愛情」が分化してくるとした。

　その後さまざまな研究が進み，新生児であっても「興奮」以外にいくつかの情動を示すことがわかってきた。ルイス（Lewis, M., 2000）は，生まれてから3年間の情動の発達に関する詳細なモデルを提示し，まず生まれてから生後3カ月までに「喜び」「悲しみ」「嫌悪」が出現するとした。そして6カ月までに「怒り」「驚き」，やや遅れて「恐れ」が出現するとした。これらの情動は基本的・生物学的なものとされ，「一次的情動」と呼ばれる。

　このような一次的情動は，まだ言葉によるコミュニケーションができない乳児の状態を理解したり，コミュニケーションするのに欠かせないものである。特に主観的に感じられる情動ではなく，表情や身振り・行動など外側に表

出される情動が，乳児の理解や乳児とのやりとりに重要な役割を果たす。例えば「喜び」については，3カ月頃に他の人からの働きかけに対して微笑むことが観察され，「社会的微笑」と呼ばれている。大人が乳児に働きかけて，乳児が微笑むなら，大人は「赤ちゃんは喜んでいる」と認識でき，さらに働きかけようとするわけである。また「怒り」については，4カ月の乳児に対して腕を押さえる実験を通して，乳児が怒りの表情を表出することが観察されている。

ルイスのモデルではその後1歳代に「困惑」「恥」「誇り」といった情動が現れるとしている。これは「二次的情動」と呼ばれ，一次的情動との違いは「内省を必要とする」点である。二次的情動は，自己のことを客体的に見る視点が必要であることからルイスは「自己意識的情動」と呼んでいる。例えば「恥」については，22カ月の幼児に服装や容姿などについて褒め称えると，一瞬顔をそむけて笑う様子が観察されるという。また「誇り」については，何かを自分が上手に成し遂げた（例えばボールを投げた）と感じた際に嬉しそうにそれを話すということが1歳半頃から観察される。このように認知発達の影響を受けながら，年齢が上がるに従ってより高次の情動が発達してくる。

3　情動の理解

大人である私たちにとって，他者の情動のあり方を理解するのは，コミュニケーションに欠かせない。乳幼児にとってはそれだけでなく，自分自身の行動の指針としての機能も持っている。ソース，エムデ，キャンポス，クリナート（Sorce, J.F., Emde, R.N., Campos, J., & Klinnert, M., 1985）は，「視覚的断崖」を使った実験を行ってそれを確認している。「視覚的断崖」とは，深さ30cmからおよそ1mの溝の上に頑丈な透明ガラス板がはめこまれ，その上を移動しても落ちない仕組みのものである。この視覚的断崖の装置に12カ月の乳児を座らせ，母親に喜び，恐れ，怒り，興味，悲しみの表情をしてもらい，それぞれの表情を見た乳児が取る行動を観察した。その結果，母親の「恐れ」の表情を見た赤ちゃんは誰一人，下に深い断崖の見えるガラス板の上を通らなかったが，母親の笑顔で幸せそうな表情を見た74％（19名中14名）の乳児は，同じ

ガラス板の上を渡った。自分自身がどのように行動してよいかあいまいな状況の中で，母親が見せる情動（ここでは表情）は，乳児にとって重要な参照枠，つまり自分が行動するかしないかの「手がかり」となっているのである。さらに乳児は，母親が見せる各情動（表情）の違いを区別していることもわかる。

　他者の表出された情動を理解するにあたって，日本人は文化的に見ると，欧米人に比べて表情に乏しく，母親の表情を乳児が「手がかり」として使うことが難しいのではないかと思われるかもしれない。しかし，その心配はなさそうである。村上久美子ら（1999）は，10カ月・11カ月の乳児を対象に，母親に真顔，笑顔，怒り顔の表情をしてもらい，乳児の反応を調べている。それによると母親が真顔よりも笑顔の方が，乳児の共同注意（母親の見ているものを乳児も見る）の時間が長かったのである。

　それ以外にも乳幼児期における情動は，相手に接近し親密に接触しようとするか否か，相手と遊びの関係を持とうとするか否かといった行動の指針に大きく影響する。乳幼児は，言葉だけでなく，表情や態度などに表れる情動を早くから理解し，自分自身の行動の指針としているのである。

2節　自我・自己の認知とその発達

1　乳幼児期の自己

　私たちは自分自身のことを「これが自分である」と，まるで当然のように認識している。しかし生まれたときからそのように認識できるわけではない。乳幼児はいつ頃，どのように自分自身のことを認識できるようになるのだろうか。ここでは，乳幼児が身体的・視覚的に自分自身を発見していく流れ（この身体やこの顔が自分のものであると認識できる流れ），自分自身の持つ特徴を反省的に意識できるようになる過程（自己理解）を見ていく。

2　身体的自己

　生まれてすぐの乳児は，自分自身で体を動かすことが難しい。だからといって，自己と周囲の環境が混沌としている世界を生きているわけではないことが，近年の生態学的アプローチから明らかになってきた（板倉昭二，1999）。例えば生後 1 カ月の赤ちゃんでも，自分の手で自分のほっぺたに触れるのと，何か他のものがほっぺたに触れるのを識別しているという（板倉，1999）。生後間もない頃から，身体感覚を通して「これが自分である」と認識し，身体感覚を持たない部分は「自分ではない」と区別ができる，つまり自己意識は身体的なものから始まることがわかる。

3　視覚的な自己の認識

　8 カ月から 15 カ月頃の子どもが「自分」について知っていることとして，自分が出来事の中心にいるということ，自分を他者と区別していること，自己というもの（自分）は永続的であることが挙げられる（ルイス，1997）。しかし客観的に自分を見つめることはまだできない。

　15 カ月頃以降の乳幼児が客観的に自分を見つめることができるようになる様子を実験的に示したものとして，「口紅課題」と呼ばれる研究がある（Lewis, M. & Brooks-Gunn, J. 1979）。乳幼児の顔に（本人にはわからないように）印をつけた後に鏡を見せて，鏡を見せる前よりも自分の顔に触る頻度が変化するかどうかを調べたのである。その結果，15 カ月以上の乳幼児になると，自分の鼻が赤く塗られたことに気づいた様子を示した。つまりこの頃になると，自分自身の身体的特徴を（視覚的に）客観的に理解していることがわかる。その後生後 2 年目の後半までに，さらに抽象的な能力を発達させ，精緻な自己システムを発達させる（ルイス，1997）。例えば，自分自身の年齢や性別といったカテゴリーを使って自分を定義づけることができるようになる。ここでの「抽象的」という言葉の指す意味は，例えば私たち大人が「明るい性格」と表現するような水準のものとは異なる。「外観」といった客観的に観察可能なもののみに限定されていた段階から，例えば「年齢」といった観察不可能な「カテゴ

リー」を使えるようになるという水準のものである。

4 抽象的な自己理解

　幼児期になると，言葉を通して直接幼児から反応を得ることが可能となってくる。3歳から5歳の幼児は，自由に自分について述べるようたずねられると，多くが「テレビを見る」「学校に行く」「食べる」等の活動に関するカテゴリーを使って自分自身を説明する（Keller, A., et al., 1978）。次によく見られるのが，身体的イメージ（骨がある，目がある）・持ち物（人形や子犬を持っている）のカテゴリーを使う説明である。この時期の「抽象的な」自己理解は，依然として大人のそれとは異なり，活動主体としての自己，（身体そのものを通してではない抽象的な）身体的自己，持ち物が自己を規定するという考え方で自己理解をしていることがわかる。

3節　養育者との出会い

1 比較行動学からの示唆

　人間の親子関係の仕組みを理解するにあたって，歴史的には比較行動学における動物の親子関係のあり方が参考にされてきた。鳥類の赤ちゃんが生まれて最初に見るものを親だと思い込むという話を聞いたことがあるだろう。この現象は動物行動学者ローレンツ（Lorenz, K.Z.）により実験的に明らかにされ，刻印づけ（imprinting）と名づけられた。ローレンツは鳥類（ガチョウ）の赤ちゃんを，生まれた後最初に見る動くものを自身の母親にするグループ，ローレンツ自身を母親にするグループに分けて後追いの程度を観察し，刻印づけを示した。またローレンツは，この現象が生後間もないある一定期間だけしか可能でないという「臨界期」が存在すること，同じ生き物に生涯刻印づけされたままという「不可逆的」であることも主張した。しかしその後詳細な動物実験により，厳格な「臨界期」から「学習にとって最適の時期」という「敏感期」

という考え方が提出された。人間の子どもの発達において，歩行学習の最適な時期や母親刺激から隔離されて痛手を受けやすい時期という考えであり，人間の学習の可能性を認めたものともいえる。

またハーロー（Harlow, H.F.）は，子どもが母親に愛情を抱く理由（動機）について，母親が飢えや渇きを満たしてくれる（一次的動因）からではなく，母親と接触していて癒されるという感覚や，乳児が恐れや危険を感じたときに母親は安全な場所（安全基地）を与えてくれるからだということを，実験に基づいて明らかにした。具体的には，針金のみで作った代理母親の人形と，それを布で覆った代理母親の人形を用意し，生まれてすぐのマカクザルを実際の母親から引き離して2つの代理母親のもとに置き，両者の代理母親と一緒にいる時間を測定した。実際の授乳は，半分が針金の代理母親，残り半分が布の母親だったのだが，どちらの代理母親から授乳されていても，布の母親と過ごす時間の方が長かったのである。

2 ボウルビィの愛着理論

このような動物の母子関係についての知見は，人間の母子関係にそのまま適用できるかどうかでさまざまな立場がある。しかし動物行動学の考え方がその後，人間の発達初期における母子間の情緒的絆というテーマに影響を及ぼしている。さらにアメリカでのホスピタリズム（コラム5参照）の問題を理解・改善しようとする視点も加わり，愛着（attachment）に関する理論がボウルビィ（Bowlby, J.W., 1976）によって提唱された。愛着とは，「人がある特定の他者との間に築き上げる情緒的絆」をいう（有斐閣『心理学辞典』，「愛着」の項）。

「愛着」という用語を「情緒的絆」と表現すると，外部から確認できないような「愛情」を連想し，母子関係の間にあらかじめ備わっているものと思われるかもしれない。しかし，ここで問題としている愛着関係は，乳幼児が生まれ落ちた瞬間に養育者と乳幼児の間にすでに「存在」しているのではなく，両者の間で多くの実際のやりとりを通じて作られていくものである。また鳥類や哺乳類の親子関係の具体的行動から示唆を得て，客観的に外部から観察可能な行

動を愛着「行動」として愛着関係をとらえている点も特徴的である。例えば子どもが親に対して示す行動のうち，「子どもが親を呼ぶ行動」や，「子どもが母親の後を追う行動」「危険が迫ると乳児が母親の方にかけより，しがみつくような行動」等を「愛着行動」として扱っているのである。また愛着行動をつかさどる具体的反応として，「泣き叫び」「微笑み」「後追い」「しがみつき」「吸う」という5つを挙げている。この理論では，乳幼児にとって危険が迫った際に，愛着関係を持っている養育者の存在が精神的な「安全基地」の役割を果たすとされている。

そして乳幼児が2歳頃以降になると，客観的に観察可能な愛着行動は見られなくなる。養育者に対する「内的作業モデル（表象）」を乳幼児が持つようになるからである。「内的作業モデル（表象）」とは，ボウルビィによると，愛着の人物が誰で，どこにいて，どのような反応を期待できるか，自身が愛着の人物からどのように受容されているか（いないか）についての主観的確信である。養育者が常に近くにいなくても，必要となれば自分の緊張や不安を癒したり，「自分は受け入れられている存在である」という安心感を与えてくれたりするという感覚を持つようになるのである。

ボウルビィの理論とは別の文脈からは，エリクソン（Erikson, E.H., 1963）が乳幼児期の発達課題として「基本的信頼」を挙げている。乳幼児は養育者とのやりとりの中で，必要なものを自分に与えてくれる存在が常に同じであること，養育者の存在が視界から見えなくなってもむやみに心配したり怒ったりしないで受け入れることができることを発達課題として挙げている。

ボウルビィによる「表象」，エリクソンによる「基本的信頼」と，表現は異なっても，乳幼児期を終える頃までに特定の他者（養育者）と安定的関係にあるという主観的確信を持てるようになることが，この時期の大きな課題となる。

3 愛着の測定

乳幼児と養育者の間の愛着関係のあり方には個人差がある。安定的な愛着関係もあれば，そうでない関係，淡白な愛着関係もあるわけである。このような

個人差を客観的にとらえる方法として,「ストレンジ・シチュエーション法」と呼ばれる実験的手法が考案された(図5-1)。この手法は1歳の乳児とその母親を対象として,ストレンジャー(乳児にとって見知らぬ人)との3者により,図5-1のような8つの場面に分けられて進められる。これら8場面のうち,母子分離場面,母子再会場面が中心的な分析対象となる。分析される行動は,移動の様子,体の動き,身体の姿勢,乳児の大人に対する接触行動,泣き,発声,微笑みといった客観的な行動や表情である。

図5-1 ストレンジ・シチュエーションの8場面
(Ainsworth et al., 1978 を要約)
数井みゆき・遠藤利彦編著 アタッチメント―生涯にわたる絆 ミネルヴァ書房 2005

このような手法により,乳児の愛着の個人差は表5-2に見られるような3タイプに分けられる。考案者によるアメリカのサンプルでは,Aタイプの乳児が21.7%,Bタイプが66.0%,Cタイプが12.3%となった。しかし日本の乳児だと,Bタイプは同程度だが,相対的にCタイプがやや多いことが知られている。これは日常生活の中で親子がどの程度母子分離を経験しているか,例

表5-2 ストレンジ・シチュエーションによる乳児の愛着の個人差

	分離場面	再会場面	その他
Aタイプ 回避群	苦痛を示さない	母親との相互作用や近接の様子が目立って回避的で，戻ってきた母親を無視するか，さりげなく歓迎するがすぐに離れたり通り過ぎたりする行動が見られる。	1人でいるときは苦痛だが，ストレンジャーが戻ってきたときに軽くなり，ストレンジャーがいるときには苦痛を示さない。
Bタイプ 安定群	苦痛を示す	母親に微笑んだり近づこうとしたりする。接触できるとそれを維持しようとし，降ろされようとすると抵抗をする。	1人でいるときや，母親の不在時に苦痛を示す。ストレンジャーのおかげでやや落ち着くが，母親を求めているのは明らかな様子を示す。
Cタイプ アンビバレント群	強い混乱を示す	2回目の母子再会場面で顕著な接触と反抗，相互交渉と反抗というアンビバレントな行動が見られる。	他2群の乳児に比べてストレンジャーに対しても母親に対してもより怒りを見せたり，逆に受身的であったりなど，「不適応的」な行動を示す。

Ainsworth, M.D.S., Blehar,M.C.,Waters, E.& Wall, S. *Patterns of Attachment: a psychological study of the strange situation.* Lawrence Erlbaum Associates, Publishers. 1978 をもとに作成。

えば就寝時に母子同室か別室か，日中ベビーシッターに預けられる経験の有無といった文化的な違いが背景にあるようである。その後，ABCタイプへの分類が難しいDタイプ（無秩序・無方向型）を加えて考えることもある。

演習課題

課題1

・養育者と乳児の間の愛着のあり方を客観的に把握・理解するにはどのような表情や行動が手がかりとなるだろうか。具体的にリストアップしてみよう。

・二次的情動に挙げられている感情は，それぞれどのような場面で生起するだろう

か。乳幼児の日常生活における養育者や仲間とのやりとりの場面を具体的に挙げてみよう。

課題2

・2歳頃から3歳頃にかけて一般に「第1次反抗期」と呼ばれる現象が見られる。心理学の専門用語ではないが，情動と自己，愛着の観点から，この頃に見られる行動の背景について分析的に考えてみよう。

引用・参考文献

ボウルビィ，J. 黒田実郎・大羽蓁・岡田洋子・黒田聖一訳 母子関係の理論I 愛着行動 岩崎学術出版社 1976

Bridges, K.M.B. Emotional Development in early infancy. *Child Development*, 3, 324-334. 1932

Cannon, W.B. *Bodily changes in pain, hunger, fear and rage.* D. Appleton and Company. 1915/1920

エリクソン，E.H. 仁科弥生訳 幼児期と社会I みすず書房 1977

遠藤利彦 喜怒哀楽の起源—情動の進化論・文化論— 岩波書店 1996

濱治世・鈴木直人・濱保久 感情心理学への招待—感情・情緒へのアプローチ— サイエンス社 2001

板倉昭二 自己の起源—比較認知科学からのアプローチ— 金子書房 1999

ジェームズ，W. 今田寛訳 心理学（下） 岩波書店 1993

Keller, A., Ford, L.H. & Meacham, J.A. Dimensions of self-concept in preschool children. *Developmental Psychology*, 14, 483-489. 1978

ルイス，M. 高橋惠子監修 遠藤利彦・上淵寿・坂上裕子訳 恥の心理学 ミネルヴァ書房 1997

Lewis, M. & Brooks-Gunn, J. *Social Cognition and the acquisition of self.* Plenum. 1979

Lewis, M. The Emergence of Human Emotions（pp.265-280.）In Lewis, M. & Haviland-Jones, J.M.（Eds.）*Handbook of Emotions.* The Guilford Press. 2000

村上久美子・大平英樹 乳児の joint attention と表情理解 電子情報通信学会技術研究報告 289 pp.15-18 1999

Sorce, J.F., Emde, R.N., Campos, J. & Klinnert, M. Maternal Emotional Signaling: Its Effect on the Visual Cliff Behavior of 1-Year-Olds. *Developmental Psychology*, 21, 195-200. 1985

コラム5

ボウルビィとホスピタリズム

　ボウルビィはイギリスの児童精神医学者で，愛着理論を提唱した。WHO の要請により，欧米諸国の施設児の現状と状況改善案をまとめ，施設児だけでなくある種の家庭児にも同様の傾向が見られる場合があることを見出し，乳幼児期における母性的養育の不足が問題であるとして，それを母性剥奪（マターナルデプリベーション）と名づけた。母性的養育とは，乳幼児が母親あるいは母親代理者と親密で継続的な人間関係を持ち，両者が満足と喜びを経験することをいう（ボウルビィ，1951）。当時は政府や社会福祉機関も母性的養育に関する問題を十分に認識しておらず，ボウルビィの主張は世界的に反響を呼んだ（ボウルビィ，1976）。当初は精神分析学を背景としていたが，その後比較行動学・認知科学の知見を取り入れ「愛着行動制御説」として理論を進化させた。

　20 世紀初頭，児童養護施設に収容されている子どもたちの死亡率の高さが小児科医により指摘され，栄養・感染など衛生面の改善が図られた。その結果死亡率は低下したが，ある段階以上の効果を発揮せず，体重の増加不良，伝染病に対する抵抗力の低下，低い知能指数，無関心，不活発，微笑に対する無反応，退行現象等，身体的・知的・情緒的悪影響が依然見られていた。この問題は「ホスピタリズム」と呼ばれ多くの調査や観察が行われた。ボウルビィは，施設児には母性的愛撫や養育者との親密な人間関係，つまり母性的養育が精神衛生上必要であることを主張し，それまでにはない視点を提供した。施設の環境で重視される点にも歴史的変遷があるのである。

引用・参考文献

ボウルビィ，J.　黒田実郎訳　乳幼児の精神衛生　岩崎書店　1951
ボウルビィ，J.　黒田実郎・大羽蓁・岡田洋子・黒田聖一訳　母子関係の理論 I 愛着
　　行動　岩崎学術出版社　1991

6章　乳幼児期の身体的機能と運動機能の発達

学習の目標
1　乳幼児期の身体発達の特徴について理解する。
2　乳幼児期の運動機能の発達について理解する。
3　身体発達や運動機能の発達によってどのような活動の変化があるか理解する。

――― キーワード ―――

発達（発育）曲線，レム睡眠，ノンレム睡眠，原始反射，オペラント条件づけ，強化，観察学習，フィードバック，基本的な生活習慣，運動遊び

1節　身体の発達

1　発達曲線

　子どもの年齢が進むにつれて，体が発達し，運動機能も成熟していく。しかし，そのスピードは一定ではなく，大きく発達が進む時期もあれば，あまり変化しない時期もある。各年齢の発達の程度を曲線でむすんだものを発達（発育）曲線と呼ぶ。図6－1～図6－4は，身長と体重の発達曲線である。

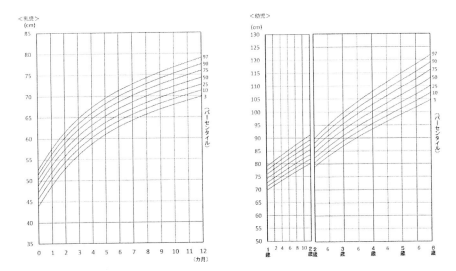

図6-1 乳幼児期の身長発育パーセンタイル曲線（男児）

厚生労働省 平成22年乳幼児身体発育調査 2012

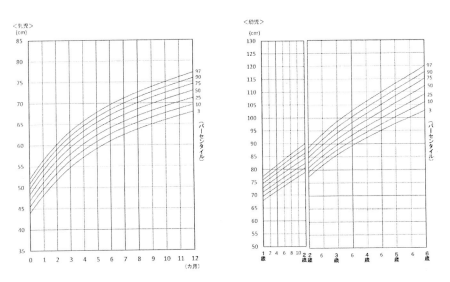

図6-2 乳幼児期の身長発育パーセンタイル曲線（女児）

厚生労働省 平成22年乳幼児身体発育調査 2012

6章 乳幼児期の身体的機能と運動機能の発達　83

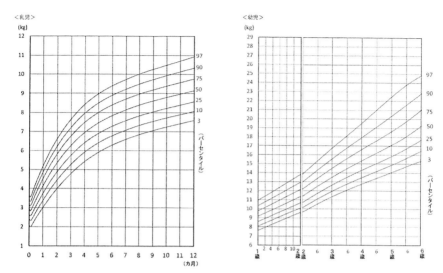

図6-3　乳幼児期の体重発育パーセンタイル曲線（男児）

厚生労働省　平成22年乳幼児身体発育調査　2012

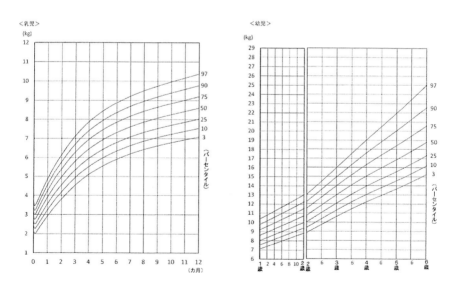

図6-4　乳幼児期の体重発育パーセンタイル曲線（女児）

厚生労働省　平成22年乳幼児身体発育調査　2012

まず出生直後に大きく発達が進み，1歳になる頃には，身長は出生時のおよそ1.5倍，体重はおよそ3倍程度になる。その後，発達のスピードは次第に低下するが，思春期に再び大きく発達する。児童期までは，男児の方が女児よりもやや大きいがそれほど違いはない。しかし，青年期に入ってからは次第に性差が拡大する（図6－5，図6－6）。

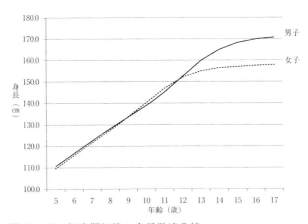

図6－5　児童期以降の身長発達曲線
文部科学省　平成23年度学校基本調査　2011より作図

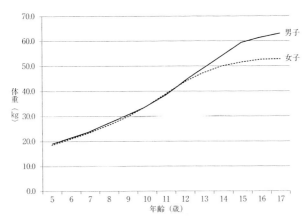

図6－6　児童期以降の体重発達曲線
文部科学省　平成23年度学校基本調査　2011より作図

2　睡眠の発達

　人間の睡眠は，脳波パターンの違いなどによって，浅い眠りであるレム睡眠と深い眠りであるノンレム睡眠に分けられる。大人の場合は，一晩の睡眠で比較的長いノンレム睡眠と短時間のレム睡眠が90分程度の間隔で繰り返される。

　しかし，睡眠のパターンは年齢によって異なる。新生児は，昼夜の区別なく短い眠りを1日中繰り返し，1日に16〜17時間ぐらい眠る。また，レム睡眠とノンレム睡眠がほぼ半分ずつであり，大人に比べて浅い眠りの時間が長い。発達が進むにつれてレム睡眠の割合が減少していき，夜に長い時間眠れるようになる。一方で，昼間には決まった時間に昼寝をする。青年期の始まる頃までに，睡眠時間は約8時間，レム睡眠の割合は睡眠全体の4分の1程度までになる。

2節　運動機能の発達

1　全身運動・移動行動の発達

　乳幼児期には，身体発達だけではなく運動機能も大きく発達する。多くの動物は生まれた直後から移動や活発な運動をすることができるが，人間は自分の体を支えることも移動することもできない。しかし，運動発達が進むにつれて，さまざまな行動をスムーズにできるようになっていく。

　生まれた直後に見られる行動の多くは，原始反射と呼ばれるものである（表6－1）。原始反射は生まれつき備わっているものであり，体や生命を守るための行動である。これらは発達が進むにつれて消失し，意識的に行われる運動が中心となる。そして，筋肉や運動機能の発達が進むにつれて，さまざまな行動が可能となる（表6－2）。

　人間の発達の一般的な法則として，「頭部から尾部へ」「中心から周辺部へ」という方向性が見られる。運動機能の発達もこの方向性に基づいており，まず4カ月前後より首がすわる。そして，5カ月前後に寝返り，7カ月前後にひ

表6-1 原始反射

探索反射	口の周りにものが触れると，その方に頭を向け，口にくわえる
吸啜（きゅうせつ）反射	口に含んだものを強く吸う
把握反射	手のひらに触れたものを握る。足裏にものが触れると，指を曲げる
バビンスキー反射	足裏の外側を強くこすると，親指が反り，他の指が広がる
自動歩行	わきの下で体を支え，立たせた姿勢で足裏を床につけると，足を交互に上下させる
モロー反射	仰向けにし，頭を少し持ち上げた後で急にはなすと，腕を広げて伸ばした後で抱きつくように曲げる

表6-2 乳幼児の運動機能通過率

年・月齢	首のすわり	ねがえり	ひとり座り	はいはい	つかまり立ち	ひとり歩き
2～3月未満	11.7	1.1				
3～4	63.0	14.4				
4～5	93.8	52.7	0.5	0.9		
5～6	98.7	86.6	7.7	5.5	0.5	
6～7	99.5	95.8	33.6	22.6	10.5	
7～8		99.2	68.1	51.1	33.6	
8～9		98.0	86.3	75.4	57.4	1.0
9～10			96.1	90.3	80.5	4.9
10～11			97.5	93.5	89.6	11.2
11～12			98.1	95.8	91.6	35.8
1年0～1月未満			99.6	96.9	97.3	49.3
1～2				97.2	96.7	71.4
2～3				98.9	99.5	81.1
3～4				99.4		92.6
4～5				99.5		100.0
						(%)

厚生労働省 平成22年度乳幼児身体発育調査 2012

とり座りができるようになる。さらに，手足で身体を支えることができるようになると，這い這いが可能になる。はじめは，手だけで上体を起こして進むが，のちに膝や足で下半身を支えて進むようになる。その後，8カ月前後よりつか

まり立ちが，1歳前後からひとり歩きができる子どもが増えてくる。ぎこちない歩行が次第にうまくなり，さらに発達が進むと，走る・跳ぶ・階段の上り下りなどができるようになる。このように一定の順序と方向性をもって運動機能が発達していくが，その時期には個人差も大きい。

2 手腕機能の発達

ひとり座りができるようになると視界が広がり，周囲にあるさまざまなものを認識することができる。そして，周りのものをつかんだり，振ったり，たたいたりして遊ぶようになる。このような手腕機能の発達にも「中心から周辺部へ」という方向性が見られ，腕全体を大きく動かすことから始まり，指を精密に動かすことができるのは，発達が進んでからになる。「指をつかってものをつまむ」という行動の発達を図6-7に示す。

生まれた直後は，手を握っていることが多い。その頃には把握反射が見られ，手のひらに触れたものをつかむが，意識的に行っているわけではない。把握反射は3カ月頃に消失し，その後は意識しても

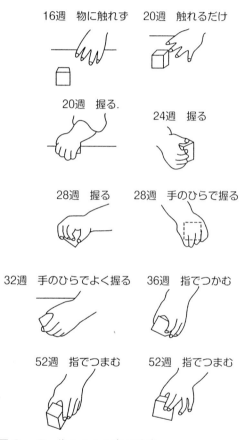

図6-7 物のつかみ方の発達
Halverson, M.H., An experimental study of prehension in infants by means of systematic cinema records. *Genetic Psychology Monographs*, 10, 107-286 1931
若井邦夫・高橋道子・高橋義信・堀内ゆかり グラフィック乳幼児心理学 サイエンス社 2006

88

のを握るようになる。

　はじめは手のひらと指をつかってものを握るが，親指は他の指と同じ向きにあり，指を別々に動かすこともできない。その後，親指を他の指と向き合わせることができるようになると，ものを指でつまむことができるようになる。また，見たものをつかむという動作は，手腕の機能だけでなく，ものを見て自分との距離や位置関係を判断し，それに応じて体を動かすということである。スムーズに行うためには，運動機能だけではなく，視覚情報の処理や視覚と運動の協応も必要となる。

3節　学習のメカニズム

1　オペラント条件づけ

　心理学では，何らかの経験によって新しい行動を身につけることを学習と呼ぶ。人間の行動には反射などのように生まれつき備わっているものもあれば，「歩く」「つかむ」のように発達が進むにつれてできるようになるものもある。これらは人間に共通した行動であり，通常の生活の中ですべての人に見られるものである。しかし行動は，自然にできるようになるものばかりではない。例えば，「自転車に乗る」「泳ぐ」「楽器を演奏する」といった行動は，自然に身につくのではなく，経験（自転車の練習など）によって学習されるものである。

　人が新しい行動を学習するメカニズムにはさまざまなものがあるが，多く見られるのはオペラント条件づけによる学習である。オペラント条件づけでは，報酬によって強化が行われることで新しい行動が身につく。例えば，中にレバーがついている箱の中にネズミを入れる。ネズミが偶然レバーに触れるとえさが出てくるような仕組みになっているが，「レバーを押すとえさが出る」という経験を繰り返すことで，ネズミは，最初は押さなかったレバーをだんだんと押すようになる。

　この実験では，えさが与えられることによってレバーを押すという行動が学

習されている。このようにある行動の頻度が増えることを「強化」と呼び，ある行動を増やす報酬を（この場合はえさ）を「強化子」と呼ぶが，子どもにとっては保護者や保育者の褒め言葉が大きな報酬となる。つまり，子どもの行動を褒めたり認めたりすることで，新しい行動が身についたり，褒められた行動を多く行うようになるのである。また，遊びの中で感じる楽しさも報酬となるため，楽しさを感じられるような運動は繰り返し行いたがる。

　一方で，望ましくない行動でも子どもが楽しさを感じ取っていれば，行動が繰り返されることもある。例えば，感触が楽しいと食べ物で遊んでしまったりする。しかし，手やテーブルに食べ物がつくことが不快になれば，食べ物で遊んだりしなくなる。そうなれば，箸やスプーンを使ってこぼさないように慎重に食べるようになるし，うまく食べられたことを褒められれば，さらにうまく食べようとする。

2　観察学習

　他者の行動を観察することで新たな行動を身につけることもあるが，このような学習を観察学習（モデリング）と呼ぶ。大人や他の子どものやることを真似したり，テレビや映画を見てその登場人物と同じような行動をしたりすることがあるが，これが観察学習の例である。

　自分より運動機能の発達している年長の子どもと多く接していると，その子を真似して行動することで，運動機能の発達が促進されることもある。また，他の子どもがよいことをして褒められているのを観察すると，同じことをしたら自分も褒めてもらえるのではないかと考え，観察した行動が増加する。自分ではなく他者の受けた報酬や罰によって行動が強化される（代理強化）ため，保育者は代理強化による周囲の子どもたちへの影響も考えながら保育を行うことが重要である。

3　学習の進展

　新たな行動は，最初，うまく行うことができないが，何度も繰り返し行うこ

とによって徐々にスムーズにできるようになっていく。そのような行動の学習の進展にはどのような要因が影響しているのだろうか。

まず、行動の結果がよかったのか、それともよくなかったのかがフィードバックされることが必要である。行動の結果がよくない場合には行動を修正するが、結果についての知識（KR：Knowledge of Results）がなければ、どのように行動を修正したらいいのかがわからない。そのため、行動を修正し、よりうまくできるようにするためには、行動の結果をフィードバックしなくてはならない。なお、フィードバックは、できるだけ詳しい情報を行動のすぐ後に与えるとより効果が高い。

また、学習をどのように行うかも重要である。学習を集中して行う方法（集中学習）と、間に休憩をはさみながら行う方法（分散学習）を比較すると、学習する時間が同じであっても分散学習の方が効果的であるとされている。これは、休憩をはさむことで、疲れが取れたり集中力が改善されたりするためである。

4節　生活を通じた発達と学習

1　生活の中での学習

運動機能が発達し、身体や腕、指を自由に動かすことができるようになると、食事や排泄、衣服の着脱などを自分でしようとする意欲が出てくる。幼児期にはそのような基本的な生活習慣を身につけることが求められる。基本的な生活習慣を身につけることは、心身共に健康的な生活を送るためだけではなく、1人の人間としての自立を始めるということにもつながる。はじめはうまくできないことも多いが、保護者や保育者の援助を受けながら、徐々に生活習慣を獲得していく。その際には、子どもの発達段階に合わせた行動を行わせるようにし、できたときの喜びや次もやろうという意欲を持てるように工夫する必要がある。

しかし，生活習慣の獲得は，発達段階だけでなく，文化や社会の影響を強く受ける。西方毅（2004）は，1936年と1986年に行われた生活習慣に関する調査を比較・検討している。それによれば，食事や排泄の習慣などには大きな違いはないが，衣服の着脱，手洗い，歯磨きなどは1986年の方が早くできるようになっている。また，乳児の睡眠については，以前に比べて睡眠時間が減少し，夜の入眠時刻も遅くなる傾向にあるとの報告がある（島田三恵子ほか，1999）。これらの変化は親や社会の生活リズムの変化によるものと考えられる。

2 遊びを通じた身体機能の発達

子どもにとって，遊びの時間は生活の中の多くを占めている。遊びの持つ意義にはさまざまな側面があるが，遊びを通じて身体の発達や運動機能の向上が進むということもその1つである。遊びの中で身体を動かすことで，筋力・瞬発力・持久力などが向上する。また，敏捷性や平衡感覚など身体をうまく使う能力も，さまざまな動作を行う中で発達が進んでいく。そのため，保育者には子どもの発達や興味・関心に沿って，子どもが伸び伸びと遊ぶことのできる環境を構成することが求められる。

文部科学省（2010）は，幼児の体力・運動能力について調査を行っている。「走る」「跳ぶ」「投げる」「捕る」「つく」「転がる」「平均台を移動する」といった動作について調査したところ，戸外での外遊びを多く行っている幼児ほど運動能力が高いことが示された。このように，遊びの種類によって運動能力に違いが見られることから，保育者が適切な遊びを促すことで，子どもの発達をさらに進めることができるといえる。

3 子どもの発達と安全に対する配慮

身体的機能や運動機能が何歳頃にどのぐらい発達するかについては，この章で述べた。しかし，これは平均的なものであり，発達には大きな個人差がある。同じ月齢や年齢であっても，身長・体重やできること・できないことは，子どもによって大きく異なる。そのため，「この年齢なら，まだできないだろう」

といった思い込みを持っていると，子どもが思いがけない行動をとることもある。また，子どもの発達は速く進む時期もあり，ついこの間まで届かなかったところや登れなかったところに軽々と届くようになることもある。保育者は，先入観や思い込みを持つことなく，一人一人の子どもの発達の様子を把握し，その子どもに合わせた安全への配慮を十分に行うことが求められる。

　しかし，子どもの行動を制限しすぎると，充実した保育を行うことが難しくなり，子どもの発達にとっても悪影響を及ぼすこともある。保育者がさまざまな状況を予測して，安全の配慮をすることは必要である。それに加えて，子どもたちが，自分自身で安全に気をつけて行動できるようにする取り組みを行うことで，安全を確保しつつ豊かな遊びを楽しむことができるのではないだろうか。

演習課題

課題1
・ひとり歩きができるようになるまでの運動機能の発達が，どのような順番で進むかまとめてみよう。
・日常生活で見られる観察学習の例を挙げてみよう。

課題2
・頭囲や胸囲，骨や歯など，身長・体重以外のさまざまな側面の発達についてまとめてみよう。
・運動機能や運動への意欲を促進する保育者の援助としてどのような工夫があるか調べてみよう。

引用・参考文献

新井邦二郎編著　図でわかる学習と発達の心理学　福村出版　2000

厚生労働省　平成 22 年乳幼児身体発育調査報告書　（http://www.mhlw.go.jp/stf/houdou/2r9852000001t3so-att/2r9852000001t7dg.pdf ）　2011

文部科学省　体力向上の基礎を培うための幼児期における実践活動の在り方に関する調査研究　（http://www.mext.go.jp/a_menu/sports/youjiki/index.htm）　2010

文部科学省　学校保健統計調査　（http://www.mext.go.jp/b_menu/toukei/chousa05/hoken/kekka/k_detail/1380547.htm）　2017

西方毅　基本的生活習慣の指導　高橋弥生編　保育内容シリーズ 1　健康　一藝社　2004

澤田淳編　最新小児保健　日本小児医事出版社　2003

島田三恵子・瀬川昌也・日暮眞・木村留美子・奥起久子・山南貞夫・赤松洋　最近の乳児の睡眠時間の月齢変化と睡眠覚醒リズムの発達　小児保健研究　1999

高橋弥生編　保育内容シリーズ 1　健康　一藝社　2004

若井邦夫・高橋道子・高橋義信・堀内ゆかり　グラフィック乳幼児心理学　サイエンス社　2006

コラム 6

学習の転移

　以前に経験したことや学んだことが，その後の学習や練習に影響を与えることを学習あるいは練習の転移と呼んでいる。例えば，ピアノを習ったことがある人とまったくピアノを習ったことのない人が，オルガンを習い始めた場合，ピアノ経験者の方が早く上達する。また，スキーを始めるときにも，スケートが滑れる人の方が滑れない人よりもスキーがうまくなる。このように，何かを経験していることで，学習や技術の習得が促進されることがある。このような現象を正の転移と呼ぶ。

　しかし反対に，以前の経験が邪魔をして新しい学習がうまくいかない場合もある。ピアノとオルガンは鍵盤を使って演奏する楽器だが，弾き方が違うので，ピアノの経験によってついた癖がオルガンを弾くときに邪魔になることがある。また，バドミントンと硬式テニスは手首の使い方や足のステップが異なるので，一方の経験者がもう一方の競技を始めると非常にとまどってしまう。このように以前の経験が，後の学習を妨害する場合は負の転移と呼ばれる。

　転移は，2つの活動で同じような刺激（鍵盤やラケットなど）を使う場合に起こる。同じような刺激を同じように使う（例えば，「鍵盤を弾く」）場合には正の転移が起こり，同じような刺激を違う使い方をする（例えば，「ラケット振るときに手首の使い方がちがう」）ときには負の転移となる。

　保育を行う場合には，このような転移の効果を考えて，活動をどのような順序で行ったらよいかを配慮するのが望ましいのではないだろうか。

7章 乳幼児期の知覚と認知の発達

学習の目標
1 乳幼児期の知覚の特徴を理解する。
2 乳幼児期の認知の特徴を理解する。
3 乳幼児期を通して，知覚や認知がどのように発達するのかを学習する。

─ キーワード ─

臨界期（敏感期），選好注視，馴化－脱馴化，ピアジェの認知発達説（感覚運動期，前操作期），自己中心性，転導推理，相貌的知覚，共感覚，アニミズム（物活論），リアリズム（実念論），人工論，心の理論

1節　知覚・認知の発達

　生後間もない赤ちゃんにも，さまざまな知覚能力が備わっている。この節では，主に新生児期を中心とした乳児期の赤ちゃんの知覚や認知の発達を取り上げる。

1 視覚の発達

　赤ちゃんの視力はどれくらいだろうか。新生児の視力は，0.02 前後，2 カ月児でも 0.05 程度であり，大人並みの視力になるのは 4，5 歳頃とされている（下條信輔，2006）。そのため，生後間もない赤ちゃんは，大人の腕に抱かれた姿勢で，抱いている人の顔が見える程度の 30cm くらいの距離が最も見やすいようである。その後，4 カ月を過ぎると初めて，見える世界が大人と同じような本格的な 3 次元世界になる。なお，この 4 カ月という時期は，ものを見る経験が後の視力の発達に影響する「臨界期（人間の発達は柔軟であるため，「敏感期」の方がふさわしいともいわれる）」の始まりであるとされる（下條，2006）。

　赤ちゃんの視覚能力についての研究は，古くから盛んに行われてきた。まだ言葉を話すことができない赤ちゃんを対象とした実験では，提示された刺激をどれくらい赤ちゃんが見ているかという注視時間が指標とされる。注視時間を指標とした実験方法として，「選好注視法」と「馴化—脱馴化パラダイム」が挙げられる。ファンツ（Fantz, R. L., 1958）は，赤ちゃんに複雑な図形や単純な図形の中から 2 つの図形を提示し，赤ちゃんがどちらの図形をより長く見ているかを測定した。その結果，生後 2 カ月頃から長く見る図形とあまり見ない図形があることが明らかとなった。これは，提示された図形を赤ちゃんが弁別しており，好んで長く見る図形があると解釈される。このように，注視時間の違いによって刺激の違いを弁別する能力を示す方法を「選好注視法」という。その後の研究から，生後 2 日などのほとんどものを見た経験のない赤ちゃんであっても，選好注視を示すことが明らかになっている。一方，赤ちゃんは新しい刺激には敏感であるが，繰り返し同じ刺激を与えられると無視するようになることがある。つまり，刺激になれるということであり，馴化現象と呼ばれる。馴化現象を応用したのが「馴化—脱馴化パラダイム」であり，赤ちゃんが刺激を無視するようになるまで同じ刺激を提示し続けた後，新たな刺激を提示して，赤ちゃんの反応を調べるという方法である。新たな刺激に対して，無視するようになった刺激と異なる反応が得られれば，赤ちゃんはそれら 2 つの刺激を区

別していることになる。この方法は，赤ちゃんの視覚だけでなく聴覚や物理現象の理解などにも応用され，知覚や認知の発達を調べる手法として多用された。

2 聴覚・味覚・嗅覚の発達

　胎児期の頃，人間の五感の中で最も早く発達するのは聴覚であり，赤ちゃんは胎内にいる頃から外の音を聞いていることが明らかになっている。生後2,3日の赤ちゃんでも，真横から提示された音の音源を推定するという音源定位が可能であるという。しかし，この音源定位は，生後2～5カ月頃になると一度できなくなってしまい，その後再び定位反応が現れる。このように，できるようになったことが一度できなくなり，再びできるようになるという発達的変化をU字型の発達という。また，1カ月程度の赤ちゃんでも，音の高さや強さ，持続時間などを区別できることが明らかになっている（加賀牧子，1990）。

　人間の基本的な味覚は，甘味，酸味，塩味，苦味の4つの味である。これらの味覚について，新生児期の赤ちゃんでも識別可能であることが報告されている（片岡なつ恵ほか，1990）。例えば，少しの量でもコーヒーのような苦味を嫌がったり，砂糖水のような甘味を好むなど，発達の初期から味覚の機能ができていることが示されている。

　嗅覚も同様に，新生児期から機能していることが明らかになっている。例えば，新しいガーゼよりも母乳のにおいのするガーゼの方に顔を向ける，においで自分の母親を確認している（Russell, M.J., 1976）などの例が挙げられる。

2節　ピアジェの認知発達説

　子どもの認知的操作がどのように発達するのかを説明した代表的な理論は，ピアジェ（Piaget, J., 1896～1980）が提唱した認知発達説である。ピアジェは，自分を取り巻く外界に対して主体的に働きかけ，知的世界を自ら構築していく存在として子どもをとらえた。自らの知的世界を築いていくときに，重要な役

割を果たすのがシェマである。シェマは環境との相互作用の質を決定している構造であり，子どもが外界を理解するときの認識の枠組みである。このシェマを同化と調節という2つの操作を通して作り変えていくことが認知の発達であると説明している。「同化」とは外界を自分の枠組みであるシェマに合わせて取り入れることである。それに対し，自分の持っているシェマでは解釈できない事柄に出会ったとき，シェマを作り変えて外界を理解することが「調節」である。この同化と調節という働きを用いて，外界と自身の認知の均衡化を保とうとすることが，ピアジェの理論の骨子である。その上で，ピアジェは，感覚運動期（0〜2歳），前操作期（2〜7歳），具体的操作期（7〜11，12歳），形式的操作期（11，12歳以降）の4つの発達段階を提唱している。その中から，この節では乳幼児期に相当する感覚運動期と前操作期を取り上げる。前操作期に続く具体的操作期については11章，形式的操作期については12章を参照してほしい。

1　感覚運動期

　生まれてから赤ちゃんは，見たり，聞いたり，触ったりという自分の感覚や運動を通して，自分の周りの環境を認識していく。そのため，この時期は「感覚運動期」と呼ばれる。この感覚運動期は，さらに6つの段階に分けられる（表7−1）。第1段階では生まれつき持っている反射のシェマが優勢であるが，その後，新しく獲得したシェマを使って外界を理解していく。

　感覚運動期の第4段階にあたる8，9カ月頃，対象の永続性が獲得される。これは，ものは一時的に見えなくなっても存在しなくなるわけではなく，その場にあり続けるという理解である。この対象の永続性が理解されると，例えば，人形の上にタオルをかけて隠したとき，タオルの下の人形を探すという行動が見られるようになる。また，第6段階になると目の前にない物を思い浮かべたり，イメージすることができるようになる。これを，表象能力という。この表象能力の獲得は，次の前操作期以降の思考や論理的操作を支える基礎となる。

7章　乳幼児期の知覚と認知の発達　　99

表7−1　感覚運動期の発達

段階	おおよその年齢	特徴	事例
第1段階 （生得的なシェマの同化と調節）	0〜1カ月	例えば，赤ちゃんは胎内にいるときから，唇に触れるものをくわえ，吸おうとする行動様式（シェマ）を持っている。生まれ出ると，このシェマを用いて外界にあるもの（乳）を取り入れる（同化）が，乳房または哺乳瓶の形状に合わせて自分のシェマを変化させること（調節）も必要である。認知発達は，まずこの同化と調節が可能になることから始まる。	吸啜反射 乳首のまさぐり行動
第2段階 （第1次循環反応）	1〜4カ月	手や足をバタバタさせるといった自分の体に関して経験した反応を繰り返す段階であり，すでに持っているシェマ同士を組み合わせようとし始める。	授乳するいつもの抱き方で抱くと吸啜行動が起こる，追視，指しゃぶり，自分の手の運動を興味深く見る
第3段階 （第2次循環反応）	4〜8カ月	ベッドの柵を蹴って柵につけてあるモービルを揺らそうとするなど，自分の外部に興味のある事柄を見つけ，それを再現しようとする。	興味ある現象を偶然見出すとその現象を繰り返し再現させようとする行動，魔術的因果性に基づく行動
第4段階 （2次的シェマの協応）	8〜12カ月	1つの結果を得るために，2つの別個のシェマを組み合わせることができる。	障害物を取り除いて，ほしい物を手に入れる，新奇なものに対していろいろな既知シェマを適用して物の特性を調べる行動
第5段階 （第3次循環反応）	12〜18カ月	外界に対し，いろいろと働きかけて，その結果を見ようとする行為が見られる。	新奇な現象を偶然見出すと現象生起の条件を変えてみて現象を探る行動，手の届かないところにある物を手に入れる手段（棒や台）を試行錯誤で発見する
第6段階 （洞察の始まり）	18カ月〜2歳	活動に移る前に状況を考える。	手の届かないところにある物を手に入れるための新しい手段（棒や台）を洞察で発見する

ピアジェ，J.　中垣啓訳　ピアジェに学ぶ認知発達の科学　北大路書房　2007，桜井茂男編　たのしく学べる最新発達心理学　図書文化　2010をもとに作成

2　前操作期

　前操作期は，具体物の性質や関係についての象徴的な理解が徐々に発達する時期である。しかし，物や物同士の関係について，子どもが行う類推や保存課題のような問題解決では，まだ論理的な操作ができず，前操作的な思考を示す

```
A:  ○  ○  ○  ○  ○
B: ●   ●   ●   ●   ●
「AとBはどちらが多い？ それとも同じ？ どうしてそう思う？」
```

図7-1　数の保存課題

という特徴が見られる。数や大きさについて，見かけ上の変形の後も同一であるという判断ができるかどうかを問う「保存課題」を例に挙げてみよう。数の保存課題である図7-1のような質問に対し，前操作期の子どもでは「Bの方が多い」と答えてしまうことが多く見られる。これは，まだ数の保存概念ができていないことを示している。

また，ピアジェは，「3つ山課題」（図7-2）と呼ばれる空間的視点取得の課題を用いて実験を行い，その結果から前操作期の子どもたちのものの見方を「自己中心性」と名づけた。「3つ山課題」とは，例えば，図7-2のAの位置に子どもを座らせ，反対のCの位置からの見え方をたずねるという課題である。このとき，前操作期の子どもたちは，自分とは反対の位置からの見え方を問われているにもかかわらず，自分と同じ見え方をすると答えてしまうことが多い。つまり，「自己中心性」とは，自分の視点とは異なる他者の視点がわからず，自分の視点からとらえてしまうことである。さらに，この自己の視点を中心とした認知の仕方に伴って，ほかにも特徴的な外界のとらえ方があるが，これは次節で取り上げる。

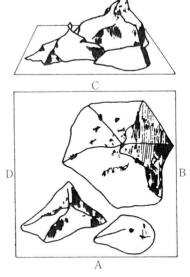

図7-2　「3つ山課題」

Piaget, J. & Inhelder, B. *The child's conception of space*. Routledge and Kegan Paul. 1956

7章　乳幼児期の知覚と認知の発達　　101

3節　乳幼児期に特有の知覚・認知の諸相

　前節で述べたように，乳幼児期は知覚・認知の発達過程にあり，年長の子ど
もや大人とは異なった独特のものの見方が見られる時期である。ここでは，乳
幼児期に特有の知覚・認知について取り上げる。

1　乳幼児期特有の知覚

　幼児期の子どもはまだ知覚が未分化な状態であるため，大人とは異なった知
覚様式が見られる。ウェルナー（Werner, H., 1890 〜 1964）は，未分化な混沌
とした全体から分化した統合体への変化という発達の方向性を示した上で，幼
児期の未分化な知覚として「相貌的知覚」と「共感覚」を挙げている。

a　相貌的知覚

　例えば，葉っぱに雨つぶがついているのを見て，「葉っぱさんが泣いている」
と表現したり，一面に咲いているひまわりの花を見て「ひまわりさんが笑って
いる」と表現したりする。このように，事物に表情を伴った知覚をすることを
「相貌的知覚」という。これは，主観と客観が未分化であるために生じる情緒
的な認識だといわれている。

b　共感覚

　「共感覚」とは，感覚が未分化であるために，例えば2つの感覚が混とんと
したような知覚をすることを指す。楽器から出る音を聞いたときに，子どもが
「黄色い音」や「青い音」などとあたかも音に色があるように表現することが
ある。これは，視覚と聴覚が未分化であるために生じる色聴という現象である。

2　乳幼児期特有の認知

　2節で紹介したピアジェは，前操作期の前半にあたる2歳頃から4歳頃まで
の子どもの思考を「前概念的思考」と名づけた。前概念的思考とは，大人のよ
うな概念的な理解がまだできない状態をいう。例えば，子どもの「ワンワン」
という言葉には，イヌだけでなくネコやゾウなども含まれていることがあるが，

これは「ワンワン（イヌ）」という概念がまだ成立していないためである。シュテルン（Stern, W., 1871 〜 1938）は論理的思考が発達する前の幼児の推理を「転導推理」と呼んだ。この転導推理は，前概念的思考の1つとして位置づけることができる。例えば，「アカリちゃんが傘をさしたから，雨が降った」のように，原因と結果を逆転させたような推理や，「ナオトくんはいたずらをしたからお腹が痛くなった」のように，関係のない原因と結果を結びつけてしまう考え方が転導推理である。

　また，2節で説明したように，ピアジェは，前操作期にあたる幼児期の子どもたちのものの見方の特徴を「自己中心性」とした。この自己の視点を中心とした認知の仕方だけでなく，ピアジェは，前操作期の思考の特徴として，次の「アニミズム（物活論）」「リアリズム（実念論）」「人工論」の3つを挙げており，これらが順に現れるとしている。

a　アニミズム（物活論）

　例えば，「太陽は生きている」「お人形さんが笑っている」のように，本来生きていないものに対してまるで生きているように子どもが表現することがある。「アニミズム（物活論）」とは，生命のないものや自然現象に生命があると思ったり，意識や感情があると考えたりすることである。最初，幼い子どもは，外界に存在するものすべてが生きていると考えている。それがやがて，動いているものだけが生きているととらえるようになる。さらに，自分の力で動くものだけが生きていると認める段階，動植物だけが生きていると認識する段階と順に変化していく。このように，アニミズムには，4つの発達的段階があるとされている。

b　リアリズム（実念論）

　「アンパンマン」や「ピカチュウ」などの人気キャラクターが，本当に存在すると信じている子どももいるだろう。また，ディズニーの世界が本当にあると思っていたり，昨日の夜に夢で見たことが本当にあったことだと信じてしまう子どもも多い。このように，空想と現実の区別がつかず，実在の世界と夢や思考などの心理的世界を混同してしまうことをリアリズム（実念論）という。

7章　乳幼児期の知覚と認知の発達　103

C　人工論

　例えば，子どもたちは，空にある月や星は誰かが作ったものだと考えること
がある。このように，人工論とは，世の中にあるすべてのものは人間が作った
ものであると考えたり，もしくは，人間が作ることもできると考えたりするこ
とを指す。

4節　心の理論

　ピアジェの研究には多くの関心が集まり，追試研究や新たな課題を用いた研
究が盛んに行われた。その結果，英米圏を中心に，ピアジェの認知発達説で描
かれた子どもの発達の様相よりも，乳幼児期の子どもは有能であり，自分を取
り巻く世界について多くのことを理解していることが示された。「心の理論」
研究もその1つの流れに位置づけることができる。

　「心の理論，theory of mind」とは，自分とは異なる人の心的な状態を理解
すること，自分とは異なる信念や意図を持っていることを理解することである。
心の状態を直接観察することはできないため，心の状態と行動の関連を理解
するための法則が必要となる。これらの法則を集めたものは，バラバラの知識
ではなくまとまりのある知識集合であることから，「理論」と呼ばれる。4歳
頃，「心の理論」を獲得することによって，子どもは自分や他者の心の働きや
状態を理解したり，そのような心的状態の理解に基づいて行動を予測できるよ
うになったりする。子どもが心の理論を持っているかどうかを調べる方法とし
て，他者の誤った信念を理解できるかどうかを調べるための「誤った信念課題
（誤信念課題）」が挙げられる。

　誤った信念課題の1つである「サリーとアンの課題」では，図7－3のス
トーリーを子どもに聞かせた後で，「サリーがビー玉を探すのは，どこでしょ
う？」とたずねる。4歳頃になると，「サリーはカゴを探す」という正しい答
えを出せるようになることが明らかになっており，「心の理論」は4歳頃獲得

されると考えられている。しかし，4歳よりも幼い子どもでは，「サリーは箱を探す」という回答が多く見られる。なぜ，そのような回答が出されるのだろうか？ サリーとアンのストーリーをすべて聞いていた子どもたちは，今ビー玉がアンの箱の中にあることを知っている。しかし，サリーは知らないという推測ができないためである。つまり，自分の知っていることと他者（サリー）の知っていることを区別できずに，自分の知っていることは他者も知っているだろうと考えてしまうためである。

4歳頃，「心の理論」を獲得すると，子どもにどのような変化が見られるだろうか。例えば，自分の心とは違う他者の心に気づくことによって，他者への共感性や思いやりの発達につながるだろう。また，「誤った信念課題」のように他者の信念と自分の信念が異なっていることが理解できるようになると，それを利用してうそをついたり，他者をあざむくこともできるようになる。社会生活を円滑にするためには，トラブルを回避するためにうそをつくこともあるだろう。社会の中で生きていく上で，「心の理論」を理解する能力は重要な能力の1つといえる。

サリー（左の女の子）はカゴを持っていて，アン（右の女の子）は箱を持っている。サリーは持っているビー玉を自分のカゴに入れ，外に散歩に出かける。するとアンがサリーのビー玉をカゴから取り出し，自分の箱へ入れてしまう。さて，帰ってきてビー玉で遊びたいと思ったサリーは，カゴと箱のどちらを探そうとするか，というのがストーリー。

図7-3 サリーとアンの課題
Frith, U., Morton, J. & Leslie, A. M., The cognitive basis of a biological disorder : autism, Trends in Neuroscience vol.14, Elsevier, October 1991.

演習課題

課題 1

・乳幼児期の認知や知覚の発達を調べるための，ユニークな課題を考えてみよう。何歳ぐらいになったら，正解できるようになるだろうか？　また，その年齢以前の子どもたちは，どのような回答をするか予想してみよう。

課題 2

・「演習課題 1」で考えた課題を用いて，子どもに実験をしてみよう。予想通りの回答が得られただろうか？　実際に実験をしてみて，気がついたこともまとめてみよう。
・乳幼児期特有の思考がどのような場面で現れるか，子どもたちの様子を観察してみよう。

引用・参考文献

Fantz, R. L. Pattern vision in young infants. *The Psychological Record*, 8, 43-47 1958

フリス, U.　富田真紀・清水康夫訳　自閉症の謎を解き明かす　東京書籍　1991

加賀牧子　周産期医学からみた出産・育児の原点　聴覚　周産期医学　臨時増刊号 20　pp.371-375　1990

片岡なつ恵・二瓶健次　周産期医学からみた出産・育児の原点　味覚　周産期医学 臨時増刊号　20　pp.376-379　1990

丸野俊一・子安増生編　子どもが「こころ」に気づくとき　ミネルヴァ書房　1998

松田隆夫　知覚心理学の基礎　培風館　2000

Piaget, J., & Inhelder, B. *The child's conception of space*. Routledge and Kegan Paul. 1956

ピアジェ, J.　中垣啓訳　ピアジェに学ぶ認知発達の科学　北大路書房　2007

Russel, M. J. Human olfactory communication. *Nature*, 260, 520-522　1976

櫻井茂男編　たのしく学べる最新発達心理学―乳幼児から中学生までの心と体の育ち　図書文化社　2010

下條信輔　まなざしの誕生―赤ちゃん学革命―（新装版）　新曜社　2006

コラム 7

ピアジェ

　ピアジェは10代の頃から生物学（動物学）についての研究に携わり，11歳のときに白すずめに関する論文を発表した。また10代の頃に哲学にも興味を持ち，生物の進化は認識の進化であり，創造的な進化に他ならないという「創造的進化」を説いたベルグソン哲学に特に大きな影響を受けた。このように，ピアジェは，生物学と哲学を専門としていたが，母親が精神疾患を患ったことに影響を受け，精神分析に興味を持つようになり，心理学の世界に足を踏み入れた。ユングと共に実験心理学者として働いた経験から，実験法と精神医学で用いられる面接法を結びつけた「臨床面接法」と呼ばれる手法を考案した。また，ピアジェはフランスのビネー（Binet, A.）の研究所に招かれ，知能検査の標準化の仕事に取り組んでいるとき，論理的推理の課題に対する子どもたちの誤答に興味を持ち，論理的思考の段階的な発達過程を考えるようになった。これが，ピアジェの認知発達説となる。

　また，ピアジェは結婚した後，ジャクリーヌ，ルシアンヌ，ローランという3人の子どもの発達を観察し，研究対象とした。ピアジェは詳細な観察記録を残しており，生後間もない赤ちゃんの活動から思考や言語が立ち現れてくる発達過程を描き出し，『知能の誕生』（ミネルヴァ書房，1978）等の著書にまとめている。

　最初に紹介したように，ピアジェの特徴は，生物学と哲学的な基礎をもって心理学の研究に取り組んだことである。特に，「発生」（ピアジェにとって「発生」は「発達」と同義に使われている）に注目し，後に認識の発生とは何か，どのようにして科学的認識が形成されていくのかを問う『発生的認識論』（白水社，1972）と呼ばれる理論を打ち出した。このように，発生的視点に立って認知発達の研究に取り組んだことは，ピアジェの偉大な業績とされている。

8章 乳幼児期の言葉の発達と社会性

学習の目標
1 誕生から就学前までの標準的な言葉の発達過程を理解する。
2 言語獲得を支える養育者の働きかけと象徴機能の発達について理解する。
3 メタ言語能力と書き言葉の発達について理解する。
4 言葉の役割について理解する。

─ キーワード ─
三項関係，語意味の推測，会話，言語獲得装置，言語獲得援助システム，
育児語，象徴機能，メタ言語能力，音韻意識，一次的言葉・二次的言葉

1節 乳幼児期の言葉の発達過程

　子どもは1歳前後から2歳半頃までの非常に短い期間に有意味語を獲得し，語と語を一定のルールに従って結合し，構造化された発話を発するようになる。3〜4歳までには世界中のどんな言語を獲得する子どもでも，文法や音韻体系が複雑でも，彼らの周りで話されている言語の主な要素を獲得していく。子ど

108

もが生後数年で獲得する母国語の構成要素は，音韻，形態素，意味，統語と言語使用の実用面である。

表8-1に乳児期から就学前までの日本の子どもの言葉の発達の道筋の概観を岡本夏木（1978）と大久保愛（1984）の研究をもとに示した。

表8-1　言葉の発達の道筋

	岡本夏木　（1978）	大久保愛　（1984）
0歳	第1期（出生から1カ月） ・人間のスピーチに対しての特有な反応傾向 ・発声活動始まる。主に不快時の叫喚 ・母との間に未分化な信号の交換によるコミュニケーションが営まれる 第2期　（生後1カ月から8，9カ月） ・音声活動，運動活動の活発化，情動の分化に伴い認知機能が発達し，自己と外界の関係が分化し始めるとともに，人とモノの区別が成立してくる ・喃語 ・前言語コミュニケーションを通して，子どもは記号交換の相手と方法を獲得するとともに，他方では，対象界の持つ記号関係を理解し始め，言語行動を可能にする場を形成する成素が成立してくる	I. 乳児期 ①　ことばの準備期（0歳） 第1期　（2～6カ月） ・クーイング，笑い声，音の遊び，二項関係 第2期　（5，6カ月） ・喃語の出現，母音（「ア」「ウ」）以外に子音（「パ」，「マ」）を発声 第3期（7，8，9カ月） ・重複喃語，多様喃語，身振りでの応答，三項関係，意図的コミュニケーション，ことばの理解の始まり，初出語
1歳	第3期　（生後8，9カ月から1歳半頃まで） ・初語，特定の意味を担った音声の使用 ・他人の音声の理解と模倣が始まる ・指さし行動が始まる ・「フリ」による表現をする	II. 幼児期前期　（1歳前後から3，4歳） ②　一語文の時期（1歳前後） ・有意味語，指さし，語の般用，幼児音
1歳半から2歳	第4期　（1歳半頃から2歳代） ・表象の形成と象徴機能の発達，語彙の急激な増加と構文化の進展 ・自己のイメージを対象物に再現して「見たて」遊びをする ・言語が組織的に獲得される ・語彙が急激に増加し，二語発話以上の文構造を持つ発話も言う ・自立語としての性質の増加した対象命名的発話や状態表現発話が増加する ・この期の後半から「コレナニ」の質問期にはいる ・助詞や語尾変化について自分流の文法規則を適用する場合もある ・非現前物の叙述	③　二語文の発生　（1歳半前後） ・語彙の急増，二語文 ・1歳半過ぎ　終助詞（ね，の，よ） ・2歳前後（関係をあらわす助詞（格助詞：の，が，も，に，と）） ・三語文，四語文を言う子もあり ④　第一期語獲得期（2歳前後） ・質問（コレ　ナニ？），命名 ・格助詞（が，に，の），係助詞（は，も），助動詞（タ，タイ，ナイ，アイル，チャウ），動詞の活用 ⑤　多語文，従属文の発生（2歳半前後） ・副詞（モット），状態（オンナジ） ・質問（どうして） ・接続助詞「から」を使った従属文（例：また，けんかするからいやなの」） ・語数は2歳末になると800～1000語
3歳	第5期　（3歳から4歳） ・会話的行動が著しく進展し，また文構造も複雑化し，文脈に応じて語の選択が行われ，さまざまな表現が自由になってくる	⑥　文章構成期（3歳前後） ・接続詞（それで，だから，そしたら，そして）を使い文と文を結合。段落＋段落＋段落＝文章（談話）を構成

3歳	・語彙増加, 文の構造複雑化と相互に関わり合い, 会話行動が発達する ・日常生活に必要な会話はほぼできるようになる	・親との対話が可能 ⑦ 一応の完成期 (3歳から4歳) ・母国語習得の一応の完成期 (日常生活で自分の気持ちを述べ, 要求し, 質問することができるようになる) ・幼児音の減少 ・語彙の誤用 (「ちょうだい」を「どうぞ」), 格助詞の省略, 逸脱語 (「アカイノ ハナ」)
4歳	・過去, 現在, 未来の区別ができ一連のできごとを時間的に順序だてて報告できるようになる ・自己の言語 (外言) による行動調整機能が発達する。自己の言語による行動の起発は容易であっても, 言語による抑止や行動の保留は難しい	III. 幼児期後期 (4歳前後から小学校入学前) ⑧ おしゃべりの時期 (4歳代) ・自分の意思をことばで表現。何でも口で言わないではすまない ・ひとりごと, 空想的
5歳から6歳	第6期 (5歳から6歳) ・副詞, 形容詞などの修飾語を使用し, テーマについて, かなりこみいったコメントを加えることができる ・「それから」など順接的関係で表現することは容易であるが, 「けれども」「けど」など逆説的な表現にはいたらない ・生活場面の中で言語を駆使した会話が定着してくるが, 自己中心的色彩が強く, 伝達性に限界がある ・外言から内言への移行期にあたる ・言語が思考の媒介として機能する前段階 ・言語による行動の抑止が可能になり始める	⑨ 第二期語獲得期 (5歳代) ・ことばを使ってことばのことが言える (メタ言語) ・しゃべらなくても, 頭の中で考えることができる (内言) ・大人ことば模倣期 (漢語や外来語という大人の使うことばが多くまざる) ⑩ 就学前期 ・表現力が豊かになる。文字で表現しようとする ・接続助詞「て」で文をつないで長い一文でしゃべる ・ことばの概括的定義が可能 (例:お箸とは食べるときに使う)

岡本夏木 (1978) に基づき筆者作成　　　　大久保愛 (1984) に基づき筆者作成

以下に, 乳幼児期の言葉の発達について概説する。

1 言葉の獲得の準備——前言語コミュニケーション

a 乳児期前半:情緒的なコミュニケーション

　赤ちゃんは, 胎児期から母親の声に反応できるといわれている。生後まもない赤ちゃんでも視覚的に人の顔を長い時間, 凝視する。人は生まれながらにして, 誕生時より人のコミュニケーションに適合する生得的な傾向を持っている。このような能力を基盤に赤ちゃんは周りの人とやりとりをしている。3カ月くらいまでに乳児自身のコミュニケーションの行為は, 乳児自身の微笑, 発声, 手の身ぶり, 注視などと協応し, また母親 (養育者) の発声, 注視, 微笑などと協応している。大人の会話の非音声のダイナミックな特徴と類似しているの

で原会話と呼ばれ，相互的である。この段階のコミュニケーションは単なる感情の表現であり，意図的なものではない。その後，見慣れた人への関心だけでなく，環境の中のほかの事物へも関心を移していく。養育者との間で歌や手遊びや体を動かすリズミカルなお決まりのやりとりを子どもは喜び，規則性や驚きを楽しむコミュニケーションが生後半年行われる。生後6カ月までは，大人と子どもがモノを媒介にしないで，情緒的なコミュニケーションを行う時期で，子どもの自発的発声や行動に養育者が自分の行動を調節し，乳児の感情表出や行動を大人が解釈することでコミュニケーションが成立する。この関係は二項情緒的関係，聞き手効果段階といわれている。

b　乳児期後半：他者の意図を理解したコミュニケーション

　8～12カ月頃に乳児は他者の注意を理解し，他者が意図を持っていることを理解する行動をする。子どもは自分の方から，モノを渡したり，見せびらかして，他者の注意をひきつける行為を繰り返したり，他者が他のモノを見ているときに他者の視線を追ったり（追随凝視），新奇な事物への大人の情動反応をモニターしたり（社会的参照），からかったり，関心を他者へ広げていく。子どもからの話題を含むコミュニケーションが行われ，大人，子ども，モノの三項関係が成立する段階である。特に特定の対象に相手の注意を促して関心を共有する共同注意は言葉の獲得にとっては必須の行動である。三項関係が成立してくると，自分がほしいモノを指さす要求の指さし，めずらしいモノを見つけたときに一緒に見てほしくて，指さしをして他者の注意を事物へ向けようとする叙述の指さしが，渡す・見せるの身ぶりに少し遅れて出現する。指さしには，言葉と共通する記号的な働きがある。

2　言語でのコミュニケーション

a　初期の言葉

　言葉の発達の速度も獲得語の内容も個人差が大きいが，健常に発達している子どもでは，1歳頃に有意味な語を話し始める。言葉の発達は性差もあり，女児の方が言語発達の速度がはやい。日本の子どもでは1歳3カ月頃に3語の言

葉を発するようになる。言葉の発達は表出面だけでなく，理解面がある。言葉の理解は表出面に先行し，子どもは，日常生活で話しかけられる言葉を身ぶりや表情，イントネーションなどを手がかりに理解している。

初語が「マンマ」であることは多くのデータで示され，その後，ワンワン，ハイ，ママ，ニャンニャン，ブーブー，ネンネ，ナイナイ，バーバ，クック，タッチ，ジージーといった言葉が早期に出現する。日本の子どもの語彙獲得の特徴として，幼児語が早期出現語彙に占める比率が高い。子どもは時には4つ足のものはすべて"ワンワン"，人はお母さんでもお父さんでもおばあさんでも"ママ"になる時期もある。本来の意味の適用範囲よりも広く用い，これを過大般用という。反対に特定の文脈だけに限定された単語の使用，例えば，自分のコップだけを指し示すのに「コップ」と言う場合は，過小般用という。子どもが大人と同じ単語の意味（単語の概念）を獲得するためには，大人の概念と一致する事物，人物，出来事およびそれらの関係についての概念を発達させなければならない。

1歳半を過ぎると子どもは急激に語彙を獲得し，1日に10語以上も獲得する語彙急増期を迎える。音声と意味を一つ一つ連合させて子どもが語を学習しているならば，1歳半を過ぎた多くの子どもに観察される語彙の急増は起こらない。マークマン（Markman, E.M.）は，語と指示対象のマッピング（対応づけ）において，子どもは考慮すべき仮説の範囲を狭め，語意味を推論する原理（ルール）を持っているとし，認知的制約の考えを提起している。子どもが語意味をどのように推測しているかについてコラム8に概説した。

b　文法の出現

子どもは表出語数が50〜100語（一般的には18カ月から20カ月）になると，2つの語をつなげることができるようになる。語をつなげ，文にするためにはモノの名前（名詞）を増やすと同時に動詞や形容詞の獲得も必要となる。二語発話が可能になることにより極めて多くの意味関係の叙述が可能となる。子どもが「パン」と言ったとき，「パンがほしい」「パンがおいしい」といったいろいろな意味が予測される。一語発話では発話された場面や子どもが発する非

言語を手がかりに意味を推測するが，二語発話を発することにより意味は明確となる。語と語を一定のルールに従って結合し，構造化された発話を発することは人間言語の最も重要な特徴である。日本語においては語形，つまり助詞や助動詞などの文法形態素の発達を検討することが重要である。筆者らが調べた研究からは早期に獲得される助詞は 21 カ月に所有を表す「の」（例：パパの），22 カ月に終助詞の「ね」（例：おいしいね）であった。助動詞は用言につき，いろいろの意味を加え，叙述を助けたり，体言やその他の語につき，叙述の意味を加える働きを持っている。助動詞は助詞よりも少し遅れて出現する。助動詞を使用し，子どもは，自分が表現したい心的態度を表現する。早期に獲得される助動詞は 24 カ月に「た」（例：たべた），25 カ月に「ない」（例：たべない）である。子どもは 18 カ月から 20 カ月頃に語を結合し，2 歳には助詞や助動詞を使った文を話し始め，3 歳までにはかなり長い文章を話すようになる。

C　会話の発達

　伝達能力の 1 つである他者との共同作業としての会話能力の発達において，子どもが会話にうまく参加するのに学んでおかなくてならない 4 つの基本条件をクラーク（Clark, E.V.）は挙げている。①話し手と聞き手は会話のやりとりの間，注意を共有して，共通の話題に気づかなければならない。②話し手は聞き手が知っていることに注意し，聞き手の発話に状況に応じて合わせなければならない。③話し手は彼らが伝えたい意味に適切な発話行為を選択しなければならない。話し手は聞き手が何をすでに知っているかを判断してそれに合わせて話を仕立てていかねばならない。④会話の参加者は順番が交替したときに適切な関連ある貢献ができるように他者が言っていることに耳を傾けなければならない。会話の成立のためには意図的コミュニケーションや共同注意の成立が必須である。語彙の増加，文法の発達により会話もさかんになるが，他者の心について推測しながら会話に参加することができるのは「心の理論」（7 章 4 節参照）が発達する 4 歳半以降である。言葉の発達は大人になっても続くが，ほぼ，5 歳までに子どもは流暢に話すようになる。

2節　言語獲得についての理論

　言語獲得についてのどのような理論でも生得要因（生物学的な賦与）と環境要因（われわれが経験する世界）の両方が言語獲得で重要な役割を果たしていることを認めている。文法を言語の本質と考えるアメリカの言語学者のチョムスキー（Chomsky, N.）は，人間には生まれつき言語を獲得する装置（Language Acquisition Devise：LAD）が備わり，通常の人間であれば誰でも言語を使いこなせるようになると考えている。乳児は世界中の言語のすべてに共通で普遍な原理である普遍文法（Universal Grammar）と彼らの母語を獲得するための特殊化された言語学習メカニズム（言語獲得関数）を持って誕生する。言語資料（経験）が言語獲得装置を介して言語獲得関数を起動させ，個別言語の文法が出現する。例えば，言語獲得装置が日本語を入力として受け取ると日本語の文法が出現する。子どもに与えられる言語資料（経験）は不完全で断片的であるにもかかわらず，子どもは生得的にこの言語獲得装置を装備しており，正しい文法を獲得できるとチョムスキーは考える。

　一方，言語の生得的な基盤を認めるが，言語を獲得するためには，多くの要因（成熟／生物学的，社会，認知，言語）が相互に作用し，互いを変容させると仮定しているのは相互作用アプローチである。ここでは2つの基本的な相互作用アプローチを紹介する。第一はピアジェ（Piaget, J.）の認知理論である。ピアジェ理論では認知発達を言語発達の必要十分条件であると考え，非言語的認知は，言語発達を支える"エンジン"であり，言語と非言語スキルは両者とも両方の領域を超えたより深い操作システムから並行して出現してくるとしている。感覚運動期の最終の第Ⅵ段階で出現する象徴機能（あるものをそれとは異なる他のもので代表させる働き）の1つの現れが言語であり，初期の言語シンボル（命名）は関連する認知領域のすべてにわたり，ほぼ同じ時期に生起する心的表象の一般能力の1つの現れにすぎないと考える。

　第二の立場は，言語獲得は社会的相互作用の中で発達すると考える。子どもたちと彼らの言語環境をダイナミックなシステムと見て，両者は発達のどの時

点でも効果的な社会的コミュニケーションと子どもの言語技能を改善するために他者を必要している。ブルーナー（Bruner, J.）は言語獲得の過程についての主張の中心に社会的相互作用を重視し，言語獲得援助システム（Language Acquisition Support System：LASS）が人間には備わっているとしている。養育者は言葉を習得し始めた子どもが言葉の機能，語意，統語的規則を発見しやすいようにさまざまな手がかりを与え，言語獲得の足場となるコミュニケーションの場を作っている。子どもが生得的に持つ能力を引き出すように環境からの刺激を養育者が調整することにより言語獲得がなされていく。

3節　言語獲得を支える養育者の働きかけと象徴機能の発達

1　養育者の働きかけ

　養育者が乳幼児に話しかけるときに使用する言葉は，大人同士が話す言葉とは異なり，音声面，語彙面，文法面，語用面（言葉の使い方）で独特な言葉かけである。これは，マザリーズ，育児語などと呼ばれている。音声面では，声の調子（ピッチ）が高い，誇張した抑揚，文末に高い音，ゆっくりしたテンポなどの特徴がある。この特徴は乳児の注意をひきつけ，視線をあわせ，母親に反応し，母親との情緒的な絆を強固にするのに役立っている。また，話し言葉の切れ目を乳児が理解するのを助けている。語彙面は，ワンワン，ブーブーなどオノマトペ（音声以外の音や声に対する模写的な音声の擬音語，擬態語）やポンポン，ナイナイのような音の繰り返しに特徴がある。オノマトペは意味するものと意味されるものの関係が非常に近く，指示対象と結びついた子どもに身近な音で，子どもの言葉の獲得を容易にする。育児語は乳児が言葉を獲得しやすくするための足場づくりを提供し，情緒的で友好的なコミュニケーションを深めるのに大きな役割を果たしている。しかし，いつまでも育児語を使用するのでなく，子どもの言語発達，認知発達に合わせて，養育者は成人語で働きかけていくことが必要である。

18 カ月以前の子どもには養育者の応答性（即座性，随伴性，適切さ）が重要である。養育者が子どもと注意を共有し，子どもの興味のある対象についての言語的情報を提供するような発話を行うことで，子どもは語彙を獲得していく。養育者が子どもの興味の対象を察知し，それに合わせた言葉かけを行うことが，子どもの語彙獲得に有効である。言葉が急増してくる 21 カ月頃は母親の語のタイプの多さや平均発話長（100 個の発話サンプルが 1 発話あたり平均何個の形態素（意味の最小単位）を含んでいるか）に見られる発話の複雑さが，後の子どもの語彙獲得と正の相関があることが報告されている。13 カ月児の母親の発話における語のタイプ数の多さと後の語彙数との間には関連性がなかった。

2　象徴機能の発達——モノに対しての意味づけ

言葉の特徴として，音声とそれが指示する対象の間の関係は恣意的で（例えば，「りんご」という単なる音のつながり自体は「りんご」の概念と何ら必然的関係はない），慣習性（その言語を話す社会において習慣的に関係づけられ使い続けられている。日本語では「りんご」であり，英語では apple というラベルがつけられている）に基づいている。この意味するものと意味されるものの関係の理解は本章 2 節言語獲得の理論のピアジェの紹介のところで触れた象徴機能の発達により可能となる。象徴機能の発達により，言葉だけでなく，さまざまな表現活動，身ぶりや象徴遊び，描画行動が生み出されていく。モノに対しての意味づけの発達と言葉の発達は並行している。毎日の生活の中で，ブラシは髪をとかすもの，電話は耳に持っていくものというように事物の慣用操作が可能となり，モノの意味の理解ができる頃に，音声にも意味づけがされ言葉が出てくる。ままごと遊びの中で食べるふりをしたり，砂をご飯に見立てたり，人形にスプーンで食べさせたりのふり遊びが言葉の発達を促していく。特にあるモノを他のモノに見立てる代置の遊びは，言葉に音声が意味づけされ，頭の中にそのもののイメージが浮かび，言葉と同じ機能が媒介している。語が急激に増えていく時期にこの代置の見立てが入ったふり遊びが行われるように

なる。また，自分の体を何かに見立てるような遊び（手をひろげて飛行機のふり，体を小さくしてアリさんになるなど）も象徴機能の発達を促して言葉の発達にはプラスの効果を及ぼす。

　日常生活の中で子どもはいろいろなモノや事象を体全体を使い，五感を通して体験することにより，言葉のもとになる認知能力を育てていく。

4節　言葉の発達と社会性

1　メタ言語能力の発達

　メタ言語能力とは，子どもが言葉や文を分析し，言葉を言葉で説明できるようになる能力で，本格的に発達するのは5〜8歳からといわれている。幼児期後期に発達するメタ言語能力を示す言語活動として，発話が生む結果を確認する（聞き手が理解したかを確認し，理解していないと言いかえる。言い回しや言い間違いを自己修正する），意図的に言語を習得する（新しい言葉，言い回し，文を意図的に使う。相手の立場，年齢，役割などで発話スタイルを変える），言語の構造や規則性の一部に気づく（語音の音韻的特性を認識する。文字を認識する）が挙げられる。

　特定の音がどこにあるか探す，似た音や同じ音を含む語を見つけるといった音韻的特性への注意を音韻意識と呼ぶ。音韻意識は「あめ」は／ア／と／メ／の2つの音に分解できる音節分解能力と，「あめ」の／ア／と「あか」の／ア／は同じであることに気づいたり，「ウサギ」の真中の音節は／サ／であることがわかる音韻抽出能力からなっている。しりとり遊びは音韻意識の発達により可能になる。直短音拗音（キャ，シャなど），長音（母音を2倍伸ばして発音する。例：おかあ（ー）さん），撥音（はねる音。例：りんご），促音（つまる音。例：いった）の特殊音節の分解は遅れるが，それ以外の音節分解は4歳半で100％可能となる。音韻意識の発達は文字獲得の基盤となる能力である。

2 書き言葉の発達

a 文字の読みと書き

　子どもは大人の指導いかんにかかわらず，日常生活の中で乳児期後半から文字に関心を持つ。戸外で目にする看板や親が読んでいる本や新聞から文字に関心を持ち，子ども自身も何かを読むふりなどして読み書きへの基礎を築いている。島村直己ら（1994）の幼稚園児，保育園児3，4，5歳児クラス1202名への清音・撥音（ん）46文字，濁音20文字，半濁音5文字と特殊音節拗音，促音，長音，拗長音（例：やきゅう），助詞（「は」），助詞（「へ」）の読み調査では，5歳児では71文字のうち清音，濁音については読字率が高い。特殊文字については文字種別により異なり，長音は55.4%，拗音は65.7%，促音は72.9%であった。しかし，文字が読めることと単語として読めるようになるのは異なり，村田孝次（1974）は71文字以上読めた子どもでも単語として読める子どもは4歳児クラス6月では50%，1月では78.3%，5歳児クラス6月では83.3%，1月で89.4%であったことを報告している。文字の読みに始まり，逐字的な拾い読み，単語読み，センテンス読みへと発達していく。

　書きの発達には表記規則の理解（文字は絵とは異なる表現手段であることや，言葉の音を記号で表現できる，逆に記号を音に変換でき意味を伴うことを理解）と対応規則の理解（文字表記による表現が慣習的な規則に則ったものであることを理解。仮名の1つの文字は1つの音に対応し，仮名を並べることにより話し言葉と同様に意味を表現できることを理解）が必要である。表記規則の理解は4歳から5歳で確立し，対応規則は6歳くらいに発達する。先に読字のところで紹介した島村・三神の研究の対象児への書字数の調査結果で書字率は5歳児で清音・撥音は68.7%であった。また，子どもが文字を読んだり書いたりすることの道具的価値（字が書いてある本を読める，手紙が書ける）に気づくようになるのは小学校入学以降である。

b 一次的言葉と二次的言葉

　岡本夏木（1985）は，乳児期から現実生活の中で，具体的な事象や事物について，その際の状況文脈にたよりながら，親しい人との直接的な会話のかたち

表8-2 一次的言葉と二次的言葉

コミュニケーションの形態	状況	成立の文脈	対象	展開	媒体
一次的ことば	具体的現実場面	ことばプラス状況文脈	少数の親しい特定者	会話式の相互交渉	話しことば
二次的ことば	現実を離れた場面	ことばの文脈	不特定の一般者	一方的自己設計	話しことば,書きことば

岡本夏木 ことばの発達 岩波書店 1985

で使用する話し言葉を一次的言葉と呼び,一次的言葉の上に書き言葉が加わり二次的言葉を発達させていくとしている。一次的言葉のコミュニケーションの媒体は音声中心であったが,二次的言葉は音声であることもあれば,文字であることもある。二次的言葉においては話し言葉と書き言葉が相互に影響し合い,より進んだ言語活動を生み出していく。一次的言葉と二次的言葉の特徴を表8-2に示した。二次的言葉の発達は思考としての言語(内言)や自我の形成,社会的対人性の発達に深く関わっている。

3 言葉の役割と社会性

　言葉を獲得することにより第一に子どもは他者と言葉でコミュニケーションする(伝え合う)能力を獲得する。欲求,要求,感情,考え,経験や知識を他者に伝え,また,反対に他者の,要求,感情,考え,経験や知識を理解する能力を獲得する。第二に,子どもは言葉でいろいろなことを考えることができる。第三に自分の行動をコントロールすることができるようになる。親や保育者からの言葉かけで,「やってはだめ」と言われ,自分の行動をコントロールしていたが,この場面ではこうしてはいけないのだと自分で考え,行動を自分からコントロールできるようになる。第四にコミュニケーションとして人に伝えると同時に自分の思いや要求の自己表現の手段としての言葉の役割がある。第五に言葉は「私が私である」という自我の形成に中心的な役割を果たす。

　言葉の発達は他者との関係を築く社会性の能力を基盤に発達し,また,言葉の発達が社会性の発達を促していく。門脇厚司(2010)は人が人とつながり社会を作る力を社会力と呼び,社会力の基本は人と人が言葉をかわす相互行為で

あり，この営みをたやすくするためには，相手の意図や感情を含めた言葉の読み取り能力と相手に対する適切な言葉を選ぶ発信能力が必要であるとしている。

演習課題

課題 1
・言葉の獲得の基盤として三項関係の成立が重要であるのはなぜか考えてみよう。
・メタ言語能力が発達してきていることを示す言語活動を挙げてみよう。

課題 2
・1 歳代，2 歳代の子どもの言葉を観察して記録してみよう。
・保育者は豊かな言葉（話し言葉，書き言葉）を育てるために保育環境の構成や言葉かけなどでどのような工夫をしているか，保育現場に行き，調べてみよう。

引用・参考文献
岩立志津夫・小椋たみ子編　よくわかる言語発達 改訂新版　ミネルヴァ書房　2017
門脇厚司　社会力を育てる―新しい「学び」の構想―　岩波書店　2010
小林春美・佐々木正人編　新・子どもたちの言語獲得　大修館書店　2008
村田孝次　幼児の書きことば　培風館　1974
小田豊・芦田宏編著　保育内容 言葉　北大路書房　2009
小椋たみ子・小山正・水野久美　乳幼児期のことばの発達とその遅れ―保育・発達を学ぶ人のための基礎知識―　ミネルヴァ書房　2015
岡本夏木　ことばと発達　岩波書店　1985
岡本夏木　乳幼児期の言語発達　角尾和子編　言語　pp.20-29　川島書店　1978
大久保愛　幼児言語の研究―構文と語彙―　あゆみ出版　1984
島村直己・三神廣子　幼児のひらがなの習得―国立国語研究所の 1967 年の調査との比較を通して―　教育心理学研究　42　pp.70-76　1994

コラム 8

語意味の推測

子どもが,「コップ」という言葉を聞いたときに,それが何を意味するか（コップの取っ手を指すのか,色を指すのか,コップ全体を指すのかなど）の可能性は無数にある。マークマンは子どもが単語の意味を推測するときにたくさんの可能な仮説を狭める原理（ルール）を持っているとして,次の３つの認知的制約を考えた。①事物全体制約：幼い子どもは新奇な語を聞くと,その語は事物の部分や,属性や,あるいは,活動ではなく,事物全体を指示すると仮定する。②類制約：子どもは与えられた言葉は,指示された特定の事物の１個だけに適用される特定的なラベルであるという仮説は排除し,類似した事物,もとの事物と同じカテゴリーの事物に拡張できるラベルであると仮定する。③相互排他性：１つのカテゴリーの事物には１つだけのラベルがつくと仮定する。

この認知的制約の考えとは異なるもう１つの言葉の意味の獲得の説明として,トマセロ（Tomasello, M.）は,子どもは社会的な関係の中で生活しているので,言葉が発せられたとき,子どもは発せられた状況の中で大人の視線や表情を手がかりとして大人の発話の意図を推測し,言葉の意味を獲得していくという社会的認知能力の重要性を強調した。

認知的な制約は言葉の獲得の初期に利用され,社会的な手がかりは１歳半以降から利用されるともいわれている。養育者は子どもが語の意味を推測しやすいように音声,視線,表情などの手がかりを与えることが重要であることを示している。

9章 人との相互的関わりと子どもの発達

学習の目標
1 母子関係が相互作用しながら発達する様子を理解する。
2 愛着形成のプロセスを理解する。
3 さまざまな人間関係が発達に及ぼす影響を理解する。

── キーワード ──

相互作用，母子関係，母性感受期，マターナル・アタッチメント，分離─
個体化過程，自己感，愛着の発達，対人関係，遊びの発達

1節 胎生期から新生児期における他者との関わり

1 胎生期の子どもの成長と母子の関わり

受精から誕生までの時期を胎生期という。胎生期は，卵体期（受精から着床までの時期：10日〜14日）・胎芽期（着床から8週の終わり）・胎児期（9週から誕生）の3段階に分けられる。胎芽期に各臓器の原基から主要な器官が形

成され，胎児期になると，ヒトらしい形態が見られるようになる。

　胎齢 18 週頃になると，母親は胎動を感じるようになる。胎動を感じることにより，母親は初めてわが子の存在を直接感じることができる。このことにより，母親は胎児を「ひとりの個体」として意識できるようになる。そして，胎動を通して母親としての自覚が高まり，子どもへの愛着が芽生えてくる。また，胎齢 28 週頃になると聴覚の発達も進み，外部の音を聴くことができるようになる。そして胎児は，親の言葉かけなどの外部の音に反応し，心拍数が変化するようになる。そのため父親や母親の声に対し，手足を動かす反応を示すようになる。

　こうした子どもの反応を通して，親は子どもの存在を確認し，わが子に対し働きかけをすることで，さらに胎児も反応する。このように，親子共に感覚を通して積極的に相互作用をしていく中で，互いのつながりを強いものにしていくのである。

2　母性感受期

　誕生後 1 カ月の時期を新生児期という。誕生直後の新生児の意識レベルは，睡眠（深い眠り，浅い眠り，朦朧）と覚醒（活発な覚醒，静かな覚醒，啼泣）の 6 つの水準に分けられる。その中でも静かな覚醒時の子どもは，五感を働かせ外界から多くの刺激を吸収しようとしている。そのため静かな覚醒時に母親と接触すると，子どもは母親をじっと見つめ，母親からの声や動きなどに対し反応しようとするのである。誕生間もない新生児に母親が舌を出して見せると，子どもも同じように舌を出そうとする。このような新生児模倣も，この水準で確認される。

　クラウスとケネル（Klaus, M.J. & Kennell, J.H., 2001）は，誕生 1 時間以内の子どもでも静かな覚醒時に母親と接触すれば，母親の働きかけに神経を集中させ，母親の働きかけに応えようとすることを示した。そして出産直後の母体のホルモン分泌が活発な一定の期間に母子の接触を図ることが，愛着形成にとって非常に重要であり，母子関係において永続的な影響を及ぼすことを強調

した。この分娩直後の接触において愛着形成に影響を及ぼす期間を，母性感受期という。

3 新生児期の母子の相互作用

　クラウスとケネル（2001）は，母性感受期の積極的な相互作用を通し，母子との情緒的な絆が作られると説明している。

　例えば，乳児が泣くと母親は乳児に近づき，抱き上げる。抱き上げることにより乳児は泣き止み，母親と目を合わせる。このアイコンタクトにより，母親は乳児に調子の高い声で声かけを行い，その声に子どもは耳を傾ける。

　さらに子どもは母親の話しかける言葉のリズムに同調して，身体を動かす。この子どもの動きが母親を刺激し，母親は子どもに語りかけ続けようとする。これら一連の相互作用をエントレインメントという。

　このような複合的な相互作用が母子の絆を深め，その後の子どもの愛着形成の基礎となっていくのである。

2節　基本的信頼感の基礎となるもの

　基本的信頼感は，エリクソン（Erikson, E.H.）が心理―社会的発達理論において，誕生から1歳頃までに獲得されるべき課題として提唱した概念である。基本的信頼感とは，自分は信頼に値する人間であると感じることと他者に対して信頼感を持つことである。この基本的信頼感は，親との関わりを通して築かれるものであり，その後の発達の基盤となるものとされる。ここでは，基本的信頼感を築くために必要な要因について概観していく。

1 マターナル・アタッチメント

　子どもの基本的信頼感は，母親の子どもに対する愛情をもとにして形成される。この母親のわが子に対する愛情を，マターナル・アタッチメントという。

母親の発達は，子どもが誕生することにより始まるのではなく，妊娠期から始まるとされる。女性は妊娠することにより，胎児に対し母性的な感情すなわちマターナル・アタッチメントが芽生え始めるのである。そして，妊娠期に芽生え始めたマターナル・アタッチメントが出産後の母子関係に大きく関わり，子どもの発達に影響を及ぼすこととなる。

　しかし，すべての母親が妊娠期に適応的な反応を示すわけではない。望まない妊娠の場合，母親になることを受容できず胎動などに対し強い嫌悪感を覚えることもある。また胎児の成長に伴い，身体の変化に対する嫌悪感や出産後の不安を強く感じる母親も少なくない。このように，妊娠時に母親になることに強い不安を覚え状況を受け入れることができない場合，マターナル・アタッチメントが芽生えることなく出産を迎えることもある。それは，その後の母子との愛着形成にも影響を及ぼすこととなる。

　マターナル・アタッチメントは，出産後の子どもとの相互作用により，より強いものになっていく。愛情を持って子どもに積極的に関わることにより，子どもは親への愛着を強める。そして子どもの親への愛着行動が，さらに親のマターナル・アタッチメントを強めることとなる。

2　他者の存在の理解の獲得

　生後間もない乳児は，自己と他者との区別がない未分化な状態である。自己と他者が区別され，他者の存在を理解するようになることが，特定の人に対する基本的信頼感を築くもととなる。ここでは，自他が分離していくプロセスとして，マーラー（Mahler, M.S.）の分離―個体化過程とスターン（Stern, D.N.）の自己感の発達を紹介する。

a　分離―個体化過程

　マーラー（1981）は，子どもが母親から分化し個としての認識ができるまでの過程を，分離―個体化過程理論から説明している（表9－1）。分離―個体化過程では，正常な自閉段階，正常な共生段階，分離個体化段階の3段階が設定され，さらに分離個体化段階では4つの下位段階が設けられている。

9章　人との相互的関わりと子どもの発達　125

表9−1　マーラーの分離—個体化過程

月齢	発達期		状態
1-2カ月	正常な自閉段階		自他が未分化。
4-5カ月	正常な共生段階		欲求を満たしてもらえる対象（主に母親）を自己と区別し始める。欲求を満たしてもらえる対象は自分と一体となり共生している。
9カ月	分離個体化段階	分化期	母親と母親以外の他者との区別をし始める。身体的自己が芽生え始める。
15カ月		練習期	母親との一体感という感覚から抜け始め，母親との分離を始める。
24カ月		再接近期	母親との分離が始まり，自分は母親とは異なった存在であるという認識を持つようになる。一方で，自律的行動をとることが不可能であるため，アンビバレントな時期。
36カ月		情緒的対象恒常性	自らが時間的にも物理的にも連続性，一貫性を持った存在であるという認識を持つ。そして，母親との安定した信頼関係を持つ。時間的にも物理的にも母親は連続し一貫した存在であることを理解する。母親のイメージを内在化できるようになる。そのため，母親のいない場所で過ごすことが可能になる。また，母親以外の人間への関心が高まり，子ども同士で遊ぶこともできるようになる。

b　自己感の発達

　スターン（1989）は乳児の主観的な体験を重視し，体験を通して感じる自己感の発達を新生自己感，中核自己感，主観的自己感，言語的自己感の4段階に分けて説明している。

　新生自己感（誕生〜2，3カ月）

　この時期の乳児は，五感を働かせさまざまな知覚様式を通して数多くの体験をするが，それぞれの体験の間につながりが持てない。例えば母親の声を聴くとしても，聴いたもの（母親の声）と見たもの（母親の顔）とがつながらない。この段階では，さまざまな体験に関係を見出し，それらを統合していくこととなる。

　中核自己感（2，3カ月〜6カ月）

　この時期になると，自分の体に境界があるという感覚を持つようになる。つまり，自分と他者とは異なる体を持つということが理解できるようになる。

主観的自己感（7，8カ月〜15カ月）

この時期には，自分も他者も同じように感情・動機・意図を持つ存在であることが認識でき，他者に心があることに気づくようになる。そして，他者が注意を向けたものに対し乳児も注意を向けるといった注意の共有，他者の意図や期待を理解しそれに応えようとする意図の共有が可能になる。さらにこの時期の乳児は，他者の情動を読み取ろうとするようになる。例えば，不安な状況のときに母親の表情をうかがい，母親の表情が穏やかであれば安心したりするようになる。このように，自己と他者との間で主観的な関わりを持つことが可能になる。

言語的自己感（15カ月〜）

この時期には，言葉を用いることが可能となる。幼児は，言葉という象徴や記号を用い，意味を共有するようになる。そして，心的イメージを用いることにより，対人世界が広がる。

3節　親子関係の発達

1　母子関係と父子関係

わが国において親子関係について述べられる際，母子関係に関することがほとんどであり，父子関係についてはあまり語られない。これは，出産や授乳は母親が行うものであることや，子どもの養育の多くを母親が担っているために，父親に比べ母親との愛着形成が積極的になされるためである。

先に述べたように，妊娠期から自分の体の変化や胎動を感じることから，母親はマターナル・アタッチメントを発達させていく。また，授乳という直接的な身体接触による相互作用は，愛着関係を深めることとなる。さらに，古典的な性役割に基づけば育児は母親が行うものとされていた。そして伝統的な家父長制においては，父親は外で働くことが求められており，子どもとの接触時間は母親に比べ非常に短くなる。これらの要因から，父親は母親に比べ愛着形成

が作られにくいとされていた。さらに、子どもとの関わり方の違いも、関係の深さに影響を及ぼしていることが考えられる。父親の子どもとの関わりは身体的な遊びが多いのに対し、母親はしつけや食事や排泄の世話といった関わりが多い。そのため、基本的な安心感を求める安全の基地（自分にとって安全や安心感を得られる活動の拠点）は、母親に対して作られやすくなる。

　ところが近年、内閣府が少子化社会対策大綱（2017）において男性の育児休暇率10％を目標に掲げるなど、父親の育児参加が推進されるようになった。現状では厚生労働省（2017）によると、平成28年度の育児休暇の取得率は女性が86.6％であるのに対し男性が2.30％と、男性の育児休暇の取得率は年々上昇傾向にあるものの、未だ女性と比較して圧倒的に低い。これは育児休暇を取得することによる世帯収入の減少や、男性の家事への参加の抵抗感、社会の男性の育児参加への理解の低さなどが背景にあると考えられる。しかし厚生労働省の「イクメンプロジェクト」や内閣府の「さんきゅうパパプロジェクト」など、現在国をあげて男性の育児参加の推進に力を入れており、男女共にワーク・ライフ・バランスの見直しが迫られている。このことにより、今後の母子関係や父子関係の質が変化していくことが推測される。

　さらに柏木惠子ら（1994）は、母子関係や父子関係など、個々の関係性で親子関係をとらえるのではなく、家族システムとして関係性を見ていくことの重要性を説いている。例えば、夫婦関係のありようは母親の心理的・行動的側面に影響を及ぼし、母親の精神的健康が子どもの養育に影響を及ぼしていくからである。

2　愛着の発達

　生後4, 5カ月頃になると、特定の養育者に対して、他の人とは異なる特別な反応を示すようになる。これは、養育者との間に愛着が形成されたことを示す。多くの場合、子どもにとっての養育者は親となる。ここでは、ボウルビィ（Bowlby, J.）の愛着の発達理論から、親子関係の発達を概観する。ボウルビィ（1977a）は、愛着を次の4段階に分けて説明している。

第1段階：人物の識別を伴わない定位と発信（誕生から8〜12週）

この時期の乳児には人を識別する能力が備わっていない。周囲の人に対し，笑いかける，目で追う，声を出す，手を伸ばすなどの働きかけをする。しかし，特定の人に向けられるものではなく，誰に対しても同様の反応を示す。

第2段階：1人または数人の特定対象に対する定位と発信（12週頃〜6カ月頃）

この時期の乳児は，誰に対しても友好的な反応を示す。特に特定の養育者（多くは母親）に対して，笑いかける，声を出すなどの反応を強く示すようになる。

第3段階：発信および移動による特定対象への接近の維持（6カ月頃〜2, 3歳頃）

この時期になると，人物をしっかりと識別することができるようになる。はいはいや歩行が可能になり，自分の意思で移動が可能になる。それに伴い，養育者など特定の人に対して，後追いをするようになる。しかし，見知らぬ人に対して強い警戒心を示す"人見知り"が始まる。

また，この段階の初期の頃は，愛着対象者が視界から消えると不安を感じ泣き出す反応を示す。これは，"対象の永続性"が理解できていないからである。"対象の永続性"とはピアジェ（Piaget, J.）が提唱した概念で，対象物が乳児の視界から消えたとしても，永続的に存在していると認識することである。対象の永続性の理解は，生後8カ月以降になってくると次第に可能になってくるとされる。それに伴い，たとえ養育者が離れていても精神的な結びつきを維持することができるため，安心していられるようになる。また，愛着対象を「安全の基地」とし，探索行動を行うようになる。

第4段階：目標修正的な協調性形成（3歳前後〜）

この段階になると，養育者の行動などを観察し，養育者がどのように考えどのようなことをしようとしているのかを推察することができるようになってくる。そして養育者の目標を予測し，自分の目標を修正することが可能となる。例えば，養育者の目標（1人でスーパーに買い物に出かける）を理解できるようになり，自分の目標（ついて行きたい）との間で調整し，「留守番をしてい

る代わりにお土産を買ってきて」「お利口にしているから連れて行って」など
と協調的提案ができるようになる。

　第4段階になると幼児は，愛着対象にどのような反応を期待できるかを考え
られるようになると同時に，自分が愛着対象にどのように受容されているかを
考えることが可能になる。そしてこの考えに基づいて，愛着対象がどのように
接近しやすく，応答してくれるかということを予測することが可能となる。こ
のような，愛着対象の有効性の可能性を推測する内的表象を，内的作業モデル
という（ボウルビィ，1977b）。

　内的作業モデルは乳児期に構築されるが，その後愛着対象から友人関係や一
般的な対人関係に広げ，生涯にわたり対人行動の基礎として使用されるものと
されている。

4節　社会的関係の広がり

1　子どもとの関わり

　言語発達や運動発達に伴い，子どもは親や保育者とのタテの関係から，同世
代の子ども同士のヨコの関係を構築するようになる。親や保育者とのタテの関
係では，親や保育者は子どもの欲求を満たすものとして機能する。しかしヨコ
の関係では，子どもは自らの欲求を拒絶されることも多い。そのために，けん
かやいざこざが頻繁に生じる。このような子ども同士の葛藤は安定的な関係を
築くための模索につながり，社会的スキルを身につけたり社会的ルールを覚え
たりと，子どもの社会性に大きな役割を果たす。

　岡野雅子（1996）は，同世代の友人関係によって，①自己抑制や自己主張な
どの自己のコントロールとそれによる自己意識の形成，②仲間への思いやりや
共感，③仲間間における社会的ルールの理解，④他者とイメージを共有するこ
とによるより大きな楽しさの発見，⑤可変的な役割の設定による楽しさの発見，
⑥コミュニケーション能力，⑦衝突やいざこざの発生に伴う説得的な解決処理

能力，などが育まれるとしている。

2　保育者との関わり

　保育所や幼稚園は，同世代の子ども集団と複数の大人が存在する環境である。その中で保育者は，一度に多くの子どもと関わりながらも，子どもの個性を尊重し個々に合わせた対応を行い，一人一人の子どもの発達を援助していくことが求められる。それゆえ保育者と子どもとの関係は，子どもと大人の一対一の関係である親子とは大きく異なる。

　子どもにとって保育者は，複数の同世代の子どもの中に存在する大人である。そのため，親のように自分1人に注意を向けられることはない。保育者の前では，"自分は多くの子どもたちの1人である"ということを意識させられることになる。それゆえ保育室では家庭で親が援助してくれるようには保育者に関わってもらえないことから，保育所や幼稚園に通い始めたばかりの子どもの多くは，情緒的に不安定になる。しかし次第に，子どもは親とは異なる役割を持つ大人の存在を理解するようになる。また子どもは，保育者が自分だけでない他の子どもにも注意を払う存在であることを理解することにより，自己の欲求ばかりを主張することは望まれないことを学び，自己をコントロールすることを身につける。

　また先に述べたように，子ども同士ではけんかやいざこざが頻繁に起こる。しかし乳幼児期の子どもは，まだこのような子ども同士の葛藤をうまく処理することが困難である。そのため保育者は，子どもたちの間に入り，うまく子ども同士の葛藤を処理するための援助をしていく。つまり，保育者の援助によりヨコの関係の構築が円滑になり，前項で述べたような社会性の発達が促進されることとなるのである。

3　遊びの発達

　子どもは多くの時間を遊びに費やす。遊びは親などの大人や同世代の子どもと展開されることが多く，これら他者との相互作用は社会性の発達に大きな役

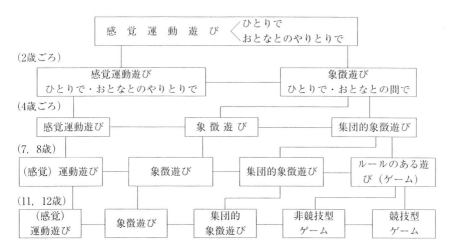

図9-1　遊びの発達構造図
清水美智子　遊びの発達と教育的意義　三宅和夫ほか編　波多野・依田児童心理学ハンドブック　金子書房　1983　p501より

割を果たす。清水美智子（1983）は，ピアジェの認知発達に基づいた，遊びの系統的な発達図を示している（図9-1）。はじめはひとり遊びもしくは大人が働きかけることにより成立する大人との遊びであるが，次第に同世代との集団遊びへと社会性が広がっていく。

　また，パーテン（Parten, M.D.）は同世代との遊びを6つに分けている。
① ぼんやり　遊びに関わることなく，ぼんやり眺めている。
② ひとり遊び　他の子どもが近くにいても，互いに関わることなくそれぞれ異なる遊びに興じている。
③ 傍観　他の子どもの存在を意識し，遊んでいる様子を傍観しているが，遊びに加わろうとしない。
④ 並行遊び　近くにいる子どもと同じ遊びをしているが，互いに交流を持たない。
⑤ 連合遊び　複数の子どもと交流を持ちながら同じ遊びに興じているが，はっきりとしたルールや役割分担を持たない。

⑥ 協同遊び　遊びにはっきりとしたテーマが見られる。集団での遊びの中に
　それぞれの役割分担があり，組織化された遊びが展開される。
　子どもの遊びは，ひとり遊びから集団遊びへと社会性が広がっていく。そし
て子どもは遊びを介して同世代の友人関係を構築し，社会性を発達させていく。
また同時に遊びは，ルールや役割を持った組織化された複雑なものへと変化し
ていく。組織化された遊びでは，自分が希望する役割が選択できなくてもその
役割を果たさなければならないため自制心が求められ，ルールを守ることが要
求されることから責任感などが育まれる。このように遊びは，子どもの社会性
の発達にとって大きな役割を果たしている。

演習課題

課題 1

・乳幼児期の親子関係は現在のあなたにどのような影響を及ぼしているか考えてみ
　よう。
・子ども同士の関わりでどのようなトラブルが生じ，またそのトラブルが子どもの
　社会性の発達にどのように影響を及ぼしているのか，具体的な例を挙げて考えて
　みよう。

課題 2

・子どもとの相互交渉により，母親はどのように発達していくのだろうか。
・認知発達や言語発達は他者との関わりにどのような影響を及ぼしているだろうか。

引用・参考文献

ボウルビィ，J.　黒田実郎・大羽蓁・岡田洋子・黒田聖一訳　母子関係の理論Ⅰ　愛着
　　行動　岩崎学術出版社　1977a

ボウルビィ，J.　黒田実郎・岡田洋子・吉田常子訳　母子関係の理論Ⅱ　分離不安　岩崎学術出版社　1977b

柏木惠子・若松素子　「親となる」ことによる人格発達—生涯発達的視点から親を研究する試み—　発達心理学研究　5　pp.72-83　1994

クラウス，M.H.・ケネル，M.D.　竹内徹訳　親と子のきずなはどうつくられるか　医学書院　2001

厚生労働省　平成28年度雇用均等基本調査　2017

鯨岡俊　ひとがひとをわかるということ—間主観性と相互主観性—　ミネルヴァ書房　2006

マーラー，M.J.・バーグマン，A.・パイン，F.　高橋雅士・織田正美・浜畑紀訳　乳児期の心理的誕生—母子共生と個体化—　黎明書房　1981

内閣府　少子化社会対策大綱　2017

岡野雅子　仲間関係の発達　佐藤眞子編　人間関係の発達心理学2　乳幼児期の人間関係　培風館　1996

清水美智子　遊びの発達と教育的意義　三宅和夫ほか編　波多野・依田児童心理学ハンドブック　金子書房　pp.495-519　1983

スターン，D.N.　小此木啓吾・丸田俊彦監訳　乳児の対人世界—理論編—　岩崎学術出版社　1989

高橋道子責任編集　新・児童心理学講座2　胎児・乳児期の発達　1992

コラム 9

マーシャル・H. クラウスとジョン・H. ケネル

　20世紀初頭は，衛生上の理由から，出産後母子はすぐに隔離され新生児室で養育され，母親が子どもと面会できる時間は授乳時など限られていた。衛生管理や医学が発達し，新生児の生存率が大幅に上昇してもなお，20世紀半ばまで産婦人科の母子分離の形態は，疑問を呈することなく継続されていた。しかし小児科医のクラウスとケネルは，出産直後の母子の関わりの重要性を主張し，母性感受期に関する研究が発表された。この研究は，これまでの産婦人科医療の前提を覆すものであり，大きな波紋を呼んだ。近年は，母性感受期の考えが浸透し，多くの産婦人科で出産直後から母子同室の形態が採用されるようになっている。

　さらにクラウスとケネルは，母性感受期の存在を明らかにした，特に分娩直後の1時間以内の母子との接触の重要性を主張している。しかし，未熟児や重篤な病気など生命の危険のある新生児は，医学的処置のため母親から隔離され，母子接触は困難である。母性感受期の存在の主張により，このような誕生直後の母子接触がなされなかった場合，愛着形成がなされないという結論が導かれてしまう。しかし人間は適応的であるため，その後の子どもへの働きかけによって，補完できる可能性が十分にある。確かに早期接触が母子の愛着関係を促進させる要因ではあるが，個々の先天的要因やその後の体験などの後天的な要因も愛着形成に影響を及ぼしているということも留意しなければならない。

第3部　生涯発達と保育（養護と教育）の重要性

10章 乳幼児期の発達的特徴

学習の目標

1 「保育所保育指針 第2章 保育の内容」の1, 2, 3の各節に示された
「基本的事項」を元に, 乳幼児の発達的特徴を理解する。

2 「乳幼児の発達理解」と共に, 保育者, 養育者の適切な援助のあり方,
環境構成を行う際の視点について考えていく。

--- キーワード ---

発達的特徴, 泣き, コミュニケーション, 好奇心, 探索, 言葉, 自己効力
感, 自己調整的行動, リーダーシップ, 他者理解

1節 乳児の発達的特徴

「保育所保育指針 第2章 保育の内容」では, 「ねらい及び内容」について
の基本的事項を掲げている。順に見ていこう。

1 乳児保育に関わるねらい及び内容

(1) 基本的事項

ア　乳児期の発達については，視覚，聴覚などの感覚や，座る，はう，歩くなどの運動機能が著しく発達し，特定の大人との応答的な関わりを通じて，情緒的な絆が形成されるといった特徴がある。これらの発達の特徴を踏まえて，乳児保育は，愛情豊かに，応答的に行われることが特に必要である。

イ　本項においては，この時期の発達の特徴を踏まえ，乳児保育の「ねらい」及び「内容」については，身体的発達に関する視点「健やかに伸び伸びと育つ」，社会的発達に関する視点「身近な人と気持ちが通じ合う」及び精神的発達に関する視点「身近なものと関わり感性が育つ」としてまとめ，示している。

ウ　本項の各視点において示す保育の内容は，第1章の2に示された養護における「生命の保持」及び「情緒の安定」に関わる保育の内容と，一体となって展開されるものであることに留意が必要である。

（保育所保育指針　第2章　1（1）より，下線は筆者）

1　赤ちゃんからのプロポーズ（おおむね6カ月未満）

　生理的早産という言葉で表されるように，ヒトはこの世に誕生したときは，どんなことも人の手を得ないと生きてはいけないほどに未熟な存在である。しかし，大きな物音や強い光刺激，急激な温度変化等に対する驚きや不安，接近してくるモノに対する防衛反応さえ示す一方で，身近に見えるさまざまな色彩，優しく語りかける人の声，生活の中で耳にするいろいろな音，モノの動きに対する強い好奇心は，生まれ出たこの世界を認知し，適応しようと懸命に探索を始める姿でもある。目の前に現れる人の顔の目や口元の動きに高い関心を示し，優しい声に安心し，じっと見つめたり，同じように自分も口を動かし，呼吸に合わせて「アーアー」や「オッオッ」などの音声を発し，乳児のそばにいる人たちに喜びや，何かもっとしてあげたいという気持ちを抱かせる。乳児は，

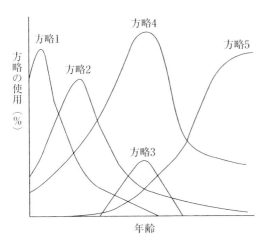

図10-1　シーグラーの波型モデル
仲真紀子　3歳と4歳　年齢というバイアス，理念と個人の姿　岡本夏木・麻生武編　年齢の心理学　ミネルヴァ書房　2000

泣いたり，ぐずったりして不快な気持ちを表現して受け身に生きているばかりでなく，音声や表情，手足や全身の動きで相手の養育行動に働きかけるという積極的なコミュニケーションをとっているのである。

シーグラー (Siegler, R.S.) の波型発達モデル（図10-1）は，ピアジェの主張した段階型発達モデルに対し，人はいろいろな方略を用い変化させながら，発達していくものであることを示している。例えば，言葉の発達について見てみれば，「泣く」「喃語」「しぐさ」「一語文」「二語文・多語文」というような方略が考えられる。乳児の「泣き」に他者が応えてくれた経験が，乳児の他者への働きかけを促し，乳児は音声やしぐさなど，さまざまな方略を用いながら人に関わっていくようになる。その中で育まれる他者への信頼感，通じることの嬉しさは，言語的コミュニケーションの発達を促していくのである。

乳児は人とのこうしたコミュニケーションを繰り返しながら，人にひかれ，人と一緒にいることに安心を得，言葉を獲得していくのである。

「泣き」は，嬉しい人との関わりの発達の始まりなのである。

2　安心から生まれる探索行動（おおむね6カ月から1歳未満）

口元に触れるものがあると口に含んで吸おうとする乳児の行動は，栄養を得ることを可能にすると共に，異物を飲み込む危険もはらむ。手のひらに触れるモノがあると握りしめ，モノの大きさや軟らかさ，冷たさを感じとり，触れて

知ることを学んでいくばかりでなく，ヒトの手指を握りしめ，コミュニケーションの意図を養育者に感じさせてもくれる。

そして，乳児は，抱き上げられることを喜ぶ。これは，人とのスキンシップを喜ぶということだけではなく，座位や歩行が不可能な乳児にとっては，寝ているだけでは知ることのできない，自分の周りの世界を見るという大きな喜びと，這い，歩いて世界に触れることへの好奇心を育む，まさしく成長発達への大きな動機づけの意味を持っている。乳児を抱き上げ，乳児と一体となって移動し，「ブーブーだよ」「お花が咲いているね。きれいだね」「おじいちゃんだよ。こんにちは」等々，ヒトやモノとの触れ合いに止まらず，多様な言葉に触れる機会ももたらしてくれる（図10－2）。

このようにして，乳児は，人との温かい関わりの中で，生まれ出たこの世界や，人という存在を知っていく。首がすわって目で追おうとするのも，這って近づこうとするのも，座って手を伸ばし，つかもうとするのも，立ち上がって歩み寄ろうとするのも，乳児の心を引き寄せる人との温かい関わりがあって促されるのである。赤ちゃんに微笑が現れ，喃語を発して話し始めるのは，乳児に繰り返し向けられた人の表情や音声が，映し出されていると言っていいのではないだろうか。

十分な栄養と睡眠を得た乳児は，目覚めると活発に動くようになる。身の周

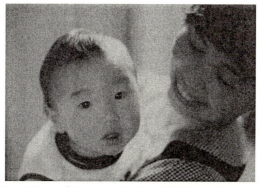

図10－2 抱き上げられ，「アナタハ誰？」と興味津々に見つめる0歳児

りにあるものは，どんなものも乳児の好奇心を刺激し，そばへ行き，触り，つかみ，口に入れ，たたき，手離し，手当たり次第と言っていいくらいに体験的に知ろうとする。大人は，時に危険を予知して止めようとしたり，取り上げたり，また，その熱心さにあきれたり，疲れ果てたりしてしまうかもしれない。乳児は自分の欲求をむずかりや泣き，音声を用いて伝えようとする。乳児が，大人にとってただかわいい，あどけない対象としての存在から，意思を持ち，時に大人の期待に反する反応も示す1人の人であることを意識させられるのである。

　人見知りは，乳児が愛着を持って日々接している大好きな人と，そうではない人を区別し始めたことを示している。愛着対象の形成は，人の識別や対応の違いを生み出し，だからこそ，また愛着関係の中で安心し，探索していくことができるのである。大好きな人とつながりながら，徐々に他者との関わりを広げていく。養育者の乳児への関わり方は，その探索を促してもくれるし，時に警戒させ，拒否させることにもなるのである。養育者は，乳児にとって，身の周りのモノや人の性質を映し出す鏡のような存在といえる。

2節　3歳未満児の発達的特徴

2　1歳以上3歳未満児の保育に関わるねらい及び内容

(1)　基本的事項

　ア　この時期においては，歩き始めから，<u>歩く，走る，跳ぶ</u>などへと，基本的な運動機能が次第に発達し，<u>排泄の自立</u>のための身体的機能も整うようになる。つまむ，めくるなどの<u>指先の機能</u>も発達し，<u>食事</u>，<u>衣類の着脱</u>なども，保育士等の援助の下で自分で行うようになる。<u>発声</u>も明瞭になり，<u>語彙</u>も増加し，自分の意思や欲求を<u>言葉</u>で表出できるようになる。このように自分でできることが増えてくる時期であることから，保育士等は，子どもの生活の安定を図りながら，自分でし

10章　乳幼児期の発達的特徴　141

　　　ようとする気持ちを尊重し，温かく見守るとともに，愛情豊かに，応
　　　答的に関わることが必要である。
　イ　本項においては，この時期の発達の特徴を踏まえ，保育の「ねらい」
　　　及び「内容」について，心身の健康に関する領域「健康」，人との関
　　　わりに関する領域「人間関係」，身近な環境との関わりに関する領域「環
　　　境」，言葉の獲得に関する領域「言葉」及び感性と表現に関する領域「表
　　　現」としてまとめ，示している。
　ウ　本項の各領域において示す保育の内容は，第1章の2に示された養
　　　護における「生命の保持」及び「情緒の安定」に関わる保育の内容と，
　　　一体となって展開されるものであることに留意が必要である。

（保育所保育指針　第2章　2（1）より，下線は筆者）

1　人やモノと関わり，遊ぶ（おおむね1歳から2歳未満）

　いろいろなモノに触れて，開いたり閉じたり，たたいたり，つまんだり，回
したり，その名も「しほうだい」という玩具があるが，身近なモノを操作する
ことは，玩具を使った遊びへと広がっていく。ご飯のしゃもじ，空き缶，ふろ
しきなども絶好の玩具となる。本来の目的とは関わりなく，つかむこと，たた
くこと，ふたを開けること，閉めること，つまむこと，ひっぱることなど，行
動そのものが，乳児には興味深く，繰り返して遊ぶようになる。乳児の扱いや
すい大きさや重さ，衛生的で安全なモノをたっぷり探索できる環境は，発達を
促すよい環境といえる。そして，「できた」「たかい，たかい」「トントンして
ごらん」等，言葉が添えられることによって，乳児の遊び行動はさらに意欲的，
探索的になっていくのである。
　やがて，いろいろなモノに触れながら，あるモノを別のあるモノに見立てて
遊び始める。丸い缶のふたが車のハンドルになったり，ふろしきがお布団になっ
たりして，どんどん遊びのイメージを広げていく。そして，それぞれのモノに
は名前があることを，年長児や大人との関わりを通して知っていき，模倣を通
して言葉を獲得していく。モノと言葉の結びつきを，五感を通して知っていく。

この時期は，乳児がどんなに想像力豊かに世界をとらえているか，言葉本来の持つ意味を，改めて大人に気づかせてくれることも多い。豊かなモノや言葉との出会いが遊びを豊かにし，乳児の成長発達を促すのである。

2　共感的受容と言葉の発達（おおむね2歳）

　公園の広場を嬉しそうに走ったり，河原の石の上をバランスをとりながら歩いてみたり，20センチくらいの高さのところから飛び降りてみたり，また，階段だけでなく，はしご段を両手で手すりをつかみながら登ったりするなど，すべり台や太鼓橋などの固定遊具や大型遊具といわれるもので，いろいろに挑戦をしていく。もちろん，いざという場合の大人の助けは欠かせないが，高さの感覚や怖さも体験しながら自分でできた嬉しさを味わい，自信を得て，さらに遊びの世界に興味を持っていく。

　そして，近くで遊ぶ身近な子どもに関心が広がっていくのもこの時期である。友達がお弁当の卵焼きをおいしそうに食べるのを見て，同じ黄色い色をしたたくわんを見つけて，喜んでほおばった後，「カー」と言った喜与子に，「カラスさん？」ではなく，「からかった？」と優しく言葉をかけてくれた母親。さすがである。言葉の獲得期には，大人たちのこうした子どもの意図の読み取りや言葉の補足によって，言葉の発達はより確かなものになっていくのである。

　砂場で遊んでいた愛子が，自分より小さな友達が自分のおもちゃで遊ぶ姿を目にして，「私ノオモチャ，取ッチャッタ」と母親に言ったとき，母親は，「取っちゃったんじゃないでしょ。貸してあげてるのね」と答えた。愛子は，その子の方をチラチラ見ながら，「貸シテ，貸シテッテ，言ッテルノ」と繰り返しつぶやきながら，自分に言い聞かせている。2歳児後半になれば，語彙も増え，伝えたいことを言葉で表現できるようになると同時に，他者に向けてだけでなく，自分に向けて言葉を使って働きかける，つまり，自己理解や自分の気持ちを調整するために言葉を用いることができるようになり，自我の発達を促す力となっていく。言葉や自我の発達は，時に大人を驚かせたり，大人の解釈が子どもの意図の理解を難しくさせることも出てくる。言葉を獲得すること

と共に，人と気持ちが通じ合うことの喜び，嬉しさを知る時期でもある。言葉の表面的な理解だけに終わらないよう，大人たちは言葉の持つ功罪両面を踏まえて子どもたちに関わることが重要である。

3節　3歳以上児の発達的特徴

> **3　3歳以上児の保育に関するねらい及び内容**
>
> (1) 基本的事項
>
> ア　この時期においては，運動機能の発達により，<u>基本的な動作</u>が一通りできるようになるとともに，<u>基本的な生活習慣</u>もほぼ自立できるようになる。理解する<u>語彙数</u>が急速に増加し，<u>知的興味や関心</u>も高まってくる。仲間と遊び，仲間の中の一人という自覚が生じ，<u>集団的な遊びや協同的な活動</u>も見られるようになる。これらの発達の特徴を踏まえて，この時期の保育においては，個の成長と集団としての活動の充実が図られるようにしなければならない。
>
> イ　本項においては，この時期の発達の特徴を踏まえ，保育の「ねらい」及び「内容」について，心身の健康に関する領域「健康」，人との関わりに関する領域「人間関係」，身近な環境との関わりに関する領域「環境」，言葉の獲得に関する領域「言葉」及び感性と表現に関する領域「表現」としてまとめ，示している。
>
> ウ　本項の各領域において示す保育の内容は，第1章の2に示された養護における「生命の保持」及び「情緒の安定」に関わる保育の内容と，一体となって展開されるものであることに留意が必要である。
>
> （保育所保育指針　第2章　3 (1) より，下線は筆者）

1　生活習慣の形成と自己効力感（おおむね3歳）

保育者が左手指に包帯を巻いているのに気がついた3歳児は，「先生，手，

ドウシタノ?」「痛イノ?」「ココ,痛イノ?」と口々にたずねながら,大きな白い包帯が巻いてある先生の指に触らずにはいられない。聞きつけた他クラスの子どもたちもやってきて「オ大事ニ」「オ大事ニ」と声をかけて走りすぎて行く。大好きな先生を案じ,いたわる気持ちを嬉しく受け止め,痛みをこらえて応える保育者の姿がある。

幼稚園や保育所では,タオルやコップなどの自分のモノを友達のモノと区別してわかりやすくするために,タオル掛けなどに個人別のシールが貼ってある。まだ文字への関心を持ち始めたばかりの子どもたちへの援助の1つである。「僕ハ,カエル」「私ハ,ウサギ」と指さして教えてくれる。そして「健チャンハネ,飛行機ダヨ」と友達のことも教えてくれる良二に3歳児の発達の姿を見る。幼児自身で確認できる環境づくりは,生活習慣の形成を助け,達成感を得させてくれる。

友達への関心は,共通点や相違点を見つけて,比べたり,教え合ったりする関わりを生む。「今日ハ,明クンガ風邪デオ休ミデス」とお知らせに行くこともできるようになる。こうした自己効力感は,誰かの役に立ちたいという思いをふくらませていくことだろう。

友達意識も少しずつ生まれ,食事のとき,どこに座るかということも大切な意味を持ってくる。しかし,「宗チャンノ隣ガイイ」とは言えても,自分と同じように思っている輝吉くんと,どうして座ったらいいかの解決は難しい。時に激しく,「ダメ!」と友達のいすをはねのけようとする姿は,大人の目にはいじわるを言っているように見えるかも

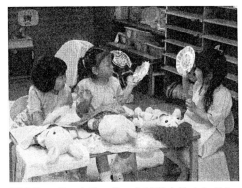

図10-3 自分の作った時計を見せながら,「モウ起キナクチャ」とままごと遊びをする3歳児

しれない。しかし，仲間意識が生まれることは，集団の内と外を意識し始めることでもある。好きな友達ができ，その友達とのつながりを喜び，求める気持ちを受け入れ，その上で，他者の気持ちに気づかせる冷静な援助が必要となる。

　3人の女児がままごとコーナーでくまのぬいぐるみをそれぞれ抱き，ベッドに見立てた机の上に寝かせて遊んでいる。みんな同じようにしていることが嬉しくて，それぞれが好きに遊んでいるが，「朝ニナッタヨ。起キナクチャ」という友達の呼びかけに，「起キナクチャ」「モウ起キナクチャ」と声をかけ合ってくまのぬいぐるみを抱き上げている。ままごと遊びの次への発展が見えるようである。（図10−3）

2　心への気づきと自己調整的行動（おおむね4歳）

　バスごっこや，遊園地ごっこなど，保育者や友達と一緒に作ったものを使って，集団で遊ぶ楽しさが広がっていく。「イレテ」や，「誰ガ，運転手サン？」など，仲間の中での役割の意識も出てくる。順番を決めたり，じゃんけんで譲り合ったりもできるようになってくる。こうした，集団遊びの形成期は，保育者は時に遊びのリーダーとして仲間に入ることもあるが，やがて，子どもたち同士が，相談したり，教え合ったりする活動を，背後から見守る役割へと移行していく。普段から，保育者が子どもたちに話していた話し方，遊びの進め方が，子どもたちのモデルとなって，問題解決の場で再現されることであろう。泣いている子どもの肩に手をかけて，「ドウシタノ？　オ話シテ」と，優しく話しかける幼児の姿は，保育者の援助の姿，そのままである。子どもたち自身がリーダーとして主体的に遊び始める姿である。互いの意見を表現し合い，相手の思いに気づいたり，認め合える関係が育っていくよう，保育者は幼児の自己調整的行動を見守り，援助していくことが大切となる。

　とりわけ，人との関係をむすぶ言葉，自分の気持ちを素直に表現する言葉にたくさん触れ，生活の中で親しんでほしい。「ありがとう」や「ごめんなさい」のほんとうの意味が理解でき，言葉による表現がますます豊かになっていく。大人たちこそ，生活の中の自分の言葉を振り返らねばならないかもしれない。

3 仲間意識とリーダーシップ（おおむね５歳）

　朝，登園すると，持ち物の始末をしながら，「弘子チャン，今日モ温泉ゴッコシヨウカ」「ウン，ジャ，砂場デ待ッテルネ」などと話しながら，園庭へ駆け出して行く５歳児たち。砂場では，昨日から作っている大きな山と，そばには露天風呂のようなお風呂ができていて，入れ替わり子どもたちが入って楽しそうに遊んでいる。やがて，年少組の子どもたちや先生たちにも知らせに行く子がおり，水をせっせと運ぶ旅館の人や，ご馳走の用意をする子どもも増えていく。テラスには，お部屋もできて，お布団を干している子どもがいる。家族旅行で経験したことや，日常生活の中で見聞きしていることが，遊びの中に再現され，イメージの共有は，子どもたちの遊びをさらに広げていくようである。

　帽子とりやリレーなどの運動遊びも人気を集め，人数を数えたり，取った帽子の数を数えたり，チームの友達を応援する声は園庭中に響き，年少組の子どもたちもテラスから声援を送っている。運動会が終わる頃には，年中組の子どもたちが年長児に混じって懸命に走っている。遊びのリーダーとしての年長児の姿にその成長ぶりを実感する。どの子どもも存分に遊び，仲間の中で認め合えるように，保育者は見守り，援助していく。けんかや誤解は，集団遊びの中で，貴重な話し合いのきっかけとなる。結論を急がず，互いの思いを十分に伝え合えるように，時間をとることも必要となる。一人一人の持っている個性に気づき合い，互いに自信を得る経験にしたい。

4 自己実現と他者理解（おおむね６歳）

　幼稚園や保育所で，一番年長者であることは，幼児にさまざまな自信を得させてくれる。年長児のする活動を憧れの目で見つめる年中，年少児たち。声援を送り，同じ遊びをしたがり，年長児と一緒に遊ぶことを喜ぶ。６歳児たちは，小さい友達に対して実に優しく，ていねいに，言葉をかけ，手を引いてあげる。そうすることで，また一層，自分の成長を意識し，喜びと自信をふくらませているようである。その一方で，目標や期待通りにできたことや，そうはいかなかったことも体験し，失敗や後悔といった感情も心の中に生まれてくる。正義

やルールの意味がわかればわかるほど，他者への称賛と共に，否定や排斥も集団の中ではっきりと見えてくる。保育者が一人一人の子どもを深く理解し，大切に思う気持ち，まなざしは，子どもたち同士が互いに関わり合う中で，自分自身を表現する自信になり，また，他者を理解する支えにもなることを忘れてはならない。保育者と子どもたちが，たっぷりと関わり，つながり合った体験があるからこそ，子どもたちの集団活動を背後から見守る関わりが可能となってくるのである。

演習課題

課題1

・赤ちゃんと見つめ合ってみよう。赤ちゃんの様子から感じたこと，発見したことを書き出してみよう。また，赤ちゃんは私をどんなふうに見ているだろう，感じているだろう。想像して書き出してみよう。

・大好きだけれど離れていたい，嬉しいけれどしたくない，そんな気持ちが自分の心の中にふくらむことはないだろうか？　そんな気持ちを想像し，大人はどう関わったらいいのか，考えてみよう。

課題2

・乳児が話し始める頃，幼児音や幼児語といわれる独特な言葉が多く聞かれる。どんな言葉があるだろう。言葉が発せられた背景とその意味について書き出してみよう。

・幼児の怒りや悲しみは，どんなときに起こるだろう。そうした感情を，幼児はどのように表現するのだろう。遊びや生活の中で観察してみよう。

引用・参考文献

麻生武・浜田寿美男編　よくわかる臨床発達心理学　第2版　ミネルヴァ書房　2006

厚生労働省　保育所保育指針〈平成29年告示〉　フレーベル館　2017

水谷孝子編著　育ちの保育　八千代出版　2008

文部科学省　幼稚園教育要領〈平成29年告示〉　フレーベル館　2017

武庫川女子大学附属幼稚園　幼稚園の生活と教育　第2版　武庫川女子大学附属幼稚園　2008

内閣府・文部科学省　厚生労働省　幼保連携型認定こども園教育・保育要領〈平成29年告示〉　フレーベル館　2017

仲真紀子　3歳と4歳—年齢というバイアス，理念と個人の姿—　岡本夏木・麻生武編　年齢の心理学　ミネルヴァ書房　2000

岡本夏木・麻生武編　年齢の心理学　ミネルヴァ書房　2000

汐見稔幸・勅使千鶴編　年齢別保育実践「0歳」〜「5歳」　労働旬報社　1992

民秋言編　幼稚園教育要領・保育所保育指針の成立と変遷　萌文書林　2008

田中昌人・田中杉恵解説　VTR　あそびの中にみる1歳児　あそびの中にみる6歳児　大月書店　1996

コラム 10

「保育する」ということ

　乳幼児の発達の姿を見てくると，この生後6年間の子どもの生活は，発達成長と共に大きく変容していくのがわかるだろう。それぞれの発達成長する子どもの姿に応じて，その世話の仕方，援助の仕方，環境の作り方，見守り方が変容してくるのは当然のことといえる。つまり，保育の営みとは，子どもの発達の姿に応じて多様な側面を持っているものなのである。

　最も初期の保育では，「命を守る」ということがまず大切なことであり，「保護し，育てる」ということが保育と言ってもいいだろう。

　しかし，やがて，身の回りの世界に好奇心を広げ，ヒトやモノに積極的に関わり始める乳児期には，「保護し育てる」に加えて，身近な生活環境を，意図的，制度的に構成して，私たちが生きるこの社会が目指す豊かさや幸せを子どもと共に共有し，希望に向けて育てようとするだろう。

　また，子ども同士のつながりができ，身近な集団社会の中の1人として生活するようになる幼児期に入ると，一人一人の子どもの個性を理解し，その子らしさを発揮し，認め合い，喜び合う経験こそが保育・教育の究極の目的となっていく。保育者は，最も身近な分身としての共感的理解者，通訳者，代弁者となるであろう。

　さらに，自己と他者の意識が芽生え，自分で判断し，仲間と一緒に遊びやルールについて考え，創り出していくようになると，大人による直接的指導や援助と共に，協働的な関わりが必要となってくる。保育者は，子どもの生活に寄り添い，子ども理解を深めながら，子どもと共に豊かな生活体験を積み重ね，振り返り，子どもの育ちを支えていくのである。その過程では，子どもの言動が理解できず，どう援助していいのか，悩みや課題も生じてくるだろう。子どもとの関係性や私自身の表現力，技術力，発想力，創造性，公平性などが，子どもから問われているのかもしれない。「保育する」ということは，私自身を振り返り，私も共に育ちゆくことといえるのではないだろうか。

11章　児童期の発達的特徴

学習の目標
1　児童期の子どもの知的発達の特徴を理解する。
2　児童期の子どもが他者との関わりの中で身につけていくことがらについて理解する。
3　児童期の子どもが自分自身をどのようにとらえているかを理解する。
4　幼稚園・保育所・こども園から小学校への移行を支える保幼小の連携について理解を深める。

―― キーワード ――

知的発達，メタ認知，具体的操作期，友人関係，道徳性判断，向社会的行動，視点取得，自己概念，自尊感情，保幼小連携

1節　幼児期以降の子どもの発達を学ぶ意義

　保育所・幼稚園・こども園で働く保育者には，乳幼児期の子どもの発達を理解していることが求められる。しかし，子どもは乳幼児期以降も発達し続けていく。このことを考えると，乳幼児期の子どもの発達だけではなく，その子どもたちがこれからどのように発達していくのかという，人間の発達全体を理解

11章　児童期の発達的特徴　151

することも重要といえる。そこで，本章では，幼児期以降の発達のうち，児童期を取り上げ，児童期における知的側面・社会的側面・パーソナリティの発達についてまとめる。

2節　知的発達

1　メタ認知

　小学校と保育所などの大きな違いは，小学校では国語・算数といった教科ごとの学習が始まる点である。児童期の子どもは，これらの学習を通して知的能力のさまざまな面を発達させていく。

　児童期に発達する知的側面の1つにメタ認知が挙げられる。メタ認知とは，自分は何を理解しているか，自分はどのぐらいできているか，ある課題にどのように取り組んだらよいかなど，自分自身の認知過程そのものに対する認知のことである。これらは，メタ認知的知識とメタ認知的活動に大別することができる。メタ認知的知識には，「私は国語が得意だ」などの人間の認知的特性に関する知識，「この漢字は難しい」などの課題に関する知識，「部首の意味を考えると漢字は覚えやすい」などの方略に関する知識が含まれる。メタ認知的活動には，「ここから先の解き方がわからない」といった認知状態の評価（モニタリング），「まずこの計算からやってみよう」といった認知方略の実行制御（コントロール）が含まれている。つまり，メタ認知は，学習・物事の計画など，さまざまな行動をうまく行うために，重要な役割を果たしているのである。

　児童期になると，授業で教えられた内容を単に記憶するのではなく，新たに学習した内容とすでに習ったことがらを関連づけるなど，メタ認知を活用しながら，自ら学ぶということが重要になる。教師も「どこがわからないのかよく考えよう」といったメタ認知の発達を促すような働きかけをするようになる。こういった働きかけは，子どもが中学年になる頃から増えるとされる。

　また，中学年以降になると，子どももメタ認知を意識し，自ら学び方を工夫

するようになる。覚えることがらを繰り返しつぶやいて記憶したり，覚える内容をカテゴリーごとにまとめて記憶するといった工夫は，その一例である。

2　具体的操作期

　児童期では，自分の理解していることに対する認知に加え，物事や現象そのもののとらえ方も発達していく。以下では，その1つの例として，ピアジェの指摘した児童期の知的側面の発達について紹介する。

　ピアジェの認知発達理論では，児童期は具体的操作期にあたる。具体的操作期とは，目の前に具体的な対象物があれば，見た目に左右されずに論理的思考が可能になるという時期のことである。例えば，この時期では，保存の概念の獲得，脱中心化，ある操作を逆に行えば元に戻るという可逆性の理解，対象物を大きい順などのある次元に沿って並べる系列化，対象物をグループ分けする分類などが可能になる。

　これらのことは，段階を追って可能になっていく。例えば，2つの粘土玉を作り，重さ・大きさが同じだと確認させてから，片方を細長くして，2つの粘土の重さなどを質問する実験（ピアジェ・インヘルダー，1992）では，7～8歳の子どもは，粘土玉の形が変わると「丸い方（細長い方）が重い・粘土がたくさんある」といった反応をする。8～10歳では，形が変わった粘土玉に対して，「形が変わっただけで粘土は前と同じ，でも，丸い方（細長い方）が重い」といった反応が見られる。10～11歳になると，粘土玉の形が変わっても「形が変わっただけで粘土は同じ，重さも変わらない」と答えるようになる。また，保存の概念が獲得される時期は対象（数・重さ・量など）によって異なる。

　脱中心化についても同様に，子どもの年齢によって課題に対する反応は異なる。例えば，大きさの異なる3つの山の模型を用いた3つ山課題と呼ばれる実験では，以下のことが指摘されている。この模型は，座る位置によって山の見え方が異なるのだが，子どもをある位置に座らせ，子どもが座っていない位置からの山の見え方をたずねると，4～7歳児は，自分が見ている風景を答えたり，模型を見る位置によって見え方が違うことには気づくものの，自分の見ている

風景を答えるといった反応が見られる。7～9歳児の場合は，どの位置から見るかによって山の前後・左右関係が変わるなど，見る位置によって風景が異なることに気づくが，異なる位置から見た風景を総合的に調整することはできない。しかし，9～10歳になると，模型を見る場所によって見える風景が異なることを理解し，さらに，さまざまな視点からの風景を統合することができるようになるという。

　このように，ピアジェの行った実験結果は，子どもの認知発達について大きな示唆を与えるものである。しかし，最近では，ピアジェの指摘よりも早い段階で，子どもが保存の概念などを獲得していることを示した研究も行われている。だが，これらの実験では，ピアジェが用いた理論を検証するための実験課題とは異なる課題が用いられている。そのため，これらは，ピアジェの理論を検証するための実験にはなっていないとも指摘されている（ゴスワミ，2003）。

3節　社会的発達

1　友人関係の発達

　児童期は，重要な対人関係が親子関係から友人関係へと移行する時期である。さらに，児童期は友人関係の重要性が高まるだけではなく，友人関係の形成の仕方や友人のとらえ方が変わる時期でもある。

　低学年の子どもの場合，友人関係は恒常的なものではなく，短期間で変化していく。そして，友人となる要因も近くに住んでいる・同じクラスであるといった外的な要因の影響が強い。中学年になると，友人の選択範囲が広がっていく。また，この時期は，ギャング集団（徒党集団）という集団を形成することからギャング・エイジとも呼ばれる。ギャング集団とは，4～5名程度の同性から構成される凝集性の高い集団で，大人からは距離を保ちながら，自分たちのルールを作り，そのルールを守ることを大切にしながら活動する特殊な仲間集団のことである。さらに高学年になると，相互理解・共感・助け合いと

	～就学前	1年生	2年生	3年生	4年生	5年生	6年生	中学生～
ビゲロー (1977)			同じ活動をする・近くにいる					
					賞賛・規範の共有			
						誠実さ・同じ興味・自己開示		
セルマン (1981)	近くにいる・一緒に遊ぶ							
		自分のやりたいことを一緒にやってくれる						
			友人関係は相互的なもの・意見が対立すると関係性は終わる					
				友人関係の連続性や親友との感情的な結びつきに気づく				
							友人関係は発達し続けるもの	
ユーニス (1980)		一緒に遊ぶ・モノを共有する						
				友人の欲求への言及				

図11－1 友人についての作文や「友達とは何か」という質問への回答にみる児童の友人観

いった内的な要因が作用することで，友人関係が形成されていく（図11－1）。

　年齢が上がるにつれて複雑になっていく子どもたちの友人関係について把握するためには，ソシオメトリック・テストやゲス・フー・テストなどを活用することができる。ソシオメトリック・テストとは，同じグループになりたい人・なりたくない人，隣に座ってほしい人・座ってほしくない人などを子どもに質問し，子ども同士の結びつきや排斥関係をソシオグラムと呼ばれる図にする方法である。また，ゲス・フー・テストとは，「このクラスで優しい人は誰ですか」などの質問を行い，クラス内の対人認知や評価を知るための方法である。ただし，これらのテストを実施する際には，子どもたちの感情に配慮することが必要である。

2　対人関係から学ぶもの

　児童期には，友人の重要度が高まり，友人関係の質が変化するだけではない。児童期の子どもは，他者と関わりながら生活することによってさまざまなこと

を学んでいく。

　例えば，他者と生活する際に重要なことの1つに，ルールがある。子どもの
ルールに対する理解を研究したピアジェ（1954）によると，6歳頃の子どもは，
ルールは大人の定めたものであり，変えることはできないと考えているという。
しかし，10歳頃になると，子どもはルールとは永続的なものではなく，みん
なの賛成が得られれば変えることができるものであると考えるようになるとい
う。つまり，子どもは定められたルールを絶対的なものとしてそのまま守る段
階から，状況に応じて部分的にルールを変えることができるようになるのであ
る。年齢の異なる子どもたちが一緒に鬼ごっこなどをするときに，高学年の子
どもが小さな子どものみに例外的なルールを適用することがあるが，これは子
どもがルールに対して柔軟に対応している様子を示す例といえる。

　また，児童期に発達的変化が見られる他者に対する態度の1つに，向社会的
行動というものがある。これは，困っている人を助けるなど，他者の利益のた
めに行われる自発的な行動のことである。このような向社会的行動をする理
由（向社会的道徳推論）に注目し，向社会的行動には6つの発達段階があるこ
とを指摘したアイゼンバーグ（1995）によると，児童期はレベル1から3に
あたるという。小学校低学年の子ども（レベル1）は，他者を助ける理由とし
て，他者を助けることで自分が得るものがあるかどうかという点を挙げる。こ
れは，快楽主義的・自己焦点的指向と呼ばれている。次の段階（レベル2）で
は，向社会的行動をする理由として，他者の身体的・物理的・心理的な要求に
注目したことがらが挙げられるようになる。このような他人の要求を意識した
説明は，児童期で最も優勢な理由づけとされる。さらに高学年になると（レベ
ル3），行動に対するよいイメージ・悪いイメージや他者からの承認を考慮し
た理由を挙げる，承認および対人指向（紋切り型の指向）へと移行する。

　なお，向社会的行動が生じるには，相手の立場に立ち，相手の思考・感情・
置かれた状況などを認知する能力が重要となる。このような能力も児童期に発
達していく。社会的視点取得能力をレベル0から4の5つに分けたセルマンの
発達段階説（セルマン・シュルツ，1996）では，児童期の子どもの視点取得能

力はレベル1から3の段階にあたる。5～7歳（レベル1）の子どもは，自分と相手の行動・感情・考えなどが異なることや意図的な行動と意図的ではない行動の違いにも気づいているが，表面的な行動から相手の主観から見た状況を判断するようになるという。また，7～12歳（レベル2）では，自分の行動や感情などを内省することができるようになる。また，相手もそれと同じことができることを理解できるようになる。その後，青年期前期（レベル3)になると，自分と相手の両方の視点を考慮した視点取得が可能となる。

4節　パーソナリティの発達

1　自己概念

　3節で述べたように，児童期では，他者についての理解が深まる。それと同時に，児童期の子どもは，自分自身に関することも深く考えることができるようになる。

　自分自身に関することの1つに，自己概念が挙げられる。これは，自分自身に対する意識（自己意識）や他者からの評価などによって形成され，体制化された自分自身に関する認知のことである。なお，自己概念は，一時的なものではなく，比較的安定したものであるという特徴を持つ。

　自己概念は，背の高さなどの外面的なもの，性格や能力などの内面的なもの，クラス名やクラブ名などの所属に関することなど，自分自身にまつわるさまざまな要素から構成されている。しかし，子どもの年齢によって注目する側面は異なり，幼児期では名前・持ち物・好きなことなどの外面的なことがらを中心に自分自身をとらえているが，児童期以降になると，他者との関係性などの社会的な側面や性格・能力などの内面的な側面にも注目しながら自分自身をとらえるようになるという。自己概念も友人関係の発達と同様に，表面的なものから内面的なものへと移行していくのである。

　また，児童期には，自分をとらえる際に内面的な特徴に触れた説明が増える

だけではなく，自分について説明する際に「やさしい・親切・わがまま」などの人格特性語の種類が増えることや，肯定的な評価も否定的な評価もできるようになることも指摘されている（佐久間（保崎）路子ほか，2000）。

2　自己評価・自尊感情

　自己意識や自己概念には，評価が伴うことがある。例えば，ある人は「私は背が高い」という自己概念について「背が高いことはかっこいい」と肯定的な評価をする。また，別の人は「背が高い」という自己概念について「背が高いと目立つので嫌だ」といった否定的な評価をする。このように，自己のある側面に対する評価のことを自己評価という。

　子どもは，幼児期の段階から自己評価を行っている。例えば，自分の作った作品について「上手にできた」と発言をしたり，失敗したときにはずかしそうな表情をすることがあるが，これは，子どもが自己評価していることの現れといえる。しかし，幼児期の子どもは認知能力が発達途中にあるため，正確な自己評価をすることが難しい。そのため，個人差はあるものの，幼児期から小学校低学年の子どもは実際の能力・出来栄えよりも高い自己評価をしやすいという傾向が指摘されている。しかし，中学年ぐらいになると，テストの結果や教師などからのコメントを統合し，自分の出来栄えを正確に評価できるようになる。また，中学年以降は「クラスで一番速く走れた」「友達よりも九九を早く覚えた」といった，他者と自分を比べることも可能になる。このように，個人内の基準で「できた」「できない」を評価するのではなく，他者の出来栄えと自分の出来栄えを比較し，自己評価をすることを社会的比較という。

　また，自己評価に関連するものとして，自尊感情がある。これは，自分のことを価値のあるものであるとする感覚のことで，自尊感情の高さと学校・対人関係などの適応や精神的健康には関連があるとされている。自尊感情は，保護者などの重要な他者からの評価の影響を受けながら形成されていく。特に，年齢の低い子どもの自尊感情は，保護者の養育態度から受ける影響が強いとされる。しかし，児童期後期になると，友人関係の重要性が高まり，友人たちの中

にいる自分を意識するようになるため，自尊感情に影響を与える重要な他者は保護者から友人へと移行する。

5節　幼児期から児童期への移行

1　小学校への移行時に生じる問題

　2～4節で述べたように，小学校入学前後では，子どもの知的側面や社会的側面などに発達的変化が見られる。また，子ども個人が発達することと同時に，子どもの置かれた環境にも大きな変化が生じる。保育所や小学校なども，同年齢の子どもたちと保育者・教師で構成される集団での生活の場という点では同じである。しかし，フォーマルな形式での学習が始まることや，自由な活動ができる時間が減少し，1つの活動（授業）あたりの時間が長くなるといった生活時間の変化など，就学前後では異なる点も多い。

　そのため，1年生のクラスでは，こういった変化になじめない子どもも見られる。授業時間中に自分の席を離れてうろうろと歩き回る子どももいれば，教師の話を聞かずに友達とおしゃべりをする子どももいる。このような行動によって授業が成立しなくなる現象は，小1プロブレムと呼ばれている。これらの行動の背景には，家庭でのしつけや子どもが身につけている生活習慣などの原因も存在すると考えられ（丹羽さがのほか，2004），保育所などと小学校の環境の違いだけが小1プロブレムの原因になるわけではない。しかし，このような子どもの行動に対応するために，保育所などと小学校，保護者と保育者・教師が連携していくことの必要性は明らかであろう。

2　保育所などと小学校の連携

　保育所保育指針や小学校学習指導要領にも幼稚園などと小学校の接続・連携の重要性が記されているように，保育所・幼稚園・こども園・小学校では小学校生活へのスムーズな移行のためのさまざまな取り組みが行われている。そ

の1つに，保育者と小学校教諭がそれぞれの教育内容や教育方法について情報を交換するための保育・授業参観や研修会がある。このような取り組みにより，保育者は，子どもが保育所などで経験したことがらが小学校での授業にどのようにつながっていくのかを知ることができる。また，児童の様子を見ることで，幼児期以降の子どもの発達についてより深く理解できるようになる。一方，小学校教諭にとっては，子どもが教科という枠組みではなく，遊びの中でさまざまなことを学んでいくことを知り，保育所などでの教育方法や子どもの経験を活かした授業を意識するきっかけになっているという。

　また，保育所などの子どもが小学校に出かけていき，授業や学校の様子を見学することや同じ活動に一緒に取り組むなど子ども同士の交流も行われている。保育所などに通う子どもにとっては，実際に教室などの学校の設備を見たり，小学生と活動することで，小学校に対する安心感や小学校に入学することへの期待感が高まる。また，児童にとっては，自分よりも小さな子どもに頼られるといった経験によって自信を持つことにもつながっていくという。

　さらに，カリキュラムという観点からの取り組みも行われている。小学校で行われているものとしては，スタートカリキュラムが挙げられる。スタートカリキュラムとは，児童が幼児期の生活や経験を基盤としながら小学校での学びへと円滑に移行できるように編成されたカリキュラムである。具体的には，安心感や自信を持って小学校での学びに取り組めるように，小学校入学当初の学習内容に保育所などでの活動を取り入れたり，授業時間を柔軟に設定するなどの工夫がなされている。

　児童の発達というと，保育所などでの保育とはあまり関連がないように思われるかもしれない。しかし，人間の発達は一生涯続いていく。したがって，保育所などでの保育の際には，就学前児だけでなく，小学校入学前後の問題や児童期の子どもについても理解しておくことが必要なのである。

演習課題

課題 1

・小学生のときに仲のよかった友達を思い浮かべ，なぜ仲がよくなったのかを考えてみよう。

・小学生にとって，自分に自信を持てる場面や自信を失う場面にはどのようなものがあるか，考えてみよう。

課題 2

・保幼小の連携事業として行われている内容について調べてみよう。

・教師の用いている子どものメタ認知に働きかける言葉かけにはどのようなものがあるか，調べてみよう。

引用・参考文献

アイゼンバーグ，N. 二宮克美・首藤敏元・宗方比佐子訳 思いやりのある子どもたち 向社会的行動の発達心理 北大路書房 1995

ゴスワミ，U. 岩男卓実・上淵寿・古池若葉・富山尚子・中島伸子訳 子どもの認知発達 新曜社 2003

丹羽さがの・酒井朗・藤江康彦 幼稚園，保育所，小学校教諭と保護者の意識調査 ―よりよい幼保小連携に向けて― お茶の水女子大学子ども発達教育研究センター紀要 2 pp.39-50 2004

ピアジェ，J. 大伴茂訳 臨床児童心理学Ⅲ 児童道徳判断の発達 同文書院 1954

ピアジェ，J.・インヘルダー，B. 著 滝沢武久・銀林浩訳 量の発達心理学 新装版 国土社 1992

佐久間（保崎）路子・遠藤利彦・無藤隆 幼児期・児童期における自己理解の発達 ―内容的側面と評価的側面に着目して― 発達心理学研究 11 pp.176-187 2000

セルマン，R.L.・シュルツ，L.H. 大西文行監訳 ペア・セラピィ―どうしたらよい 友だち関係がつくれるか―Ⅰ巻 北大路書房 1996

コラム 11

" 自分とは何か？ " を調べる方法

　自己概念を明らかにするために，さまざまな方法が用いられてきた。例えば，「私は＿＿＿＿＿＿」で始まる文章を完成させる 20 答法がある。文章の始まりは同じ「私は＿＿＿＿＿＿」であっても，その後にはさまざまな文章を続けることができる。「私は＿＿＿＿＿＿」の後に，名前を続ける人もいれば，好きな食べ物の名前を続ける人もいるだろう。このような方法を用いると，どの年齢でも言及されやすい自己の側面の有無や，年齢によって言及する側面が変化していく様子などを明らかにすることができる。

　また，自己のさまざまな側面について詳しくたずねる方法もある。例えば「自分の一番好きなところはどこですか・いいところはどこですか」などのように自己評価をたずねたり，「どんな人になりたいですか」など自己の関心についてたずねるといった方法である。20 答法で得られる情報は「自分の好きなところについての言及は〜歳頃から多くなる」といったものであるが，このように研究者が明らかにしたい側面を具体的に挙げて質問することで，好きなところとして挙げられる内容の発達的変化なども明らかにすることができる。

　この他に，質問紙を用いた方法もある。質問紙法では，人間の性格を表す形容詞などを提示し，対象者に提示された内容にどの程度当てはまるかをたずねる。

　「自分とは何か」という問いに答えることは難しい。また，子どもを対象とした場合，説明能力や文章作成能力の影響も考慮しなければいけない。しかし，測定方法を工夫すれば，さまざまな自己のとらえ方を引き出すことができるだろう。

12章 青年期以降の発達的特徴

学習の目標

1 青年期，成人期の知的発達について，ピアジェの考え方とそれ以降発展してきた考え方の双方を理解する。

2 中年期，老年期の知的発達について，古典的加齢パターンに反するいくつかの知見や，知能の多様性について理解する。

3 青年期，成人期の社会的発達について，アイデンティティの形成や，就職後の課題，結婚生活や子育てにおける課題について理解する。

4 中年期，老年期の社会的発達について，中年期の危機や老年期の英知について理解する。

─ キーワード ─

形式的操作，熟達化，古典的加齢パターン，結晶性知能，流動性知能，アイデンティティ，養護性，中年期の危機，英知，ライフレビュー

1節　青年期以降の知的発達

1　青年期の思考の特徴──形式的操作

　ピアジェの認知発達理論によれば，青年期は形式的操作の段階であり，これは人間の思考の完成形であるとされている。具体的な事象にとらわれず，仮想的な状況についても論理的な思考が可能となる。例えば，A=B，B=C ならば，

A=C といった三段論法でものを考えられる，仮説から論理的な考え方により結論を導き出せるなど，合理的，科学的な考え方ができるようになるなどである。さらに，具体的な事物や出来事などから離れ，相対的なものの見方ができる，将来についての思考ができるなども含まれる。そういった思考ができるようになるからこそ，生きる意味や死ぬことについて思いめぐらせたり，人生への不安を感じたりするようになるともいえる。

ピアジェによれば，形式的操作は人間の思考の完成形であり，思考のすべての領域を覆い，どのような文化の中でも見られるとされている。しかし，この主張に対しては近年さまざまな反論が出ている。成人でも得意でない分野では形式的操作や論理的推論ができない，人間の推論は日常経験（文化的文脈）に大きく影響される（4枚カード問題，コラム12参照）などである。

つまり，思考の発達は青年期において完成するわけではなく，それ以降の個人的な経験に基づいて大きな影響を受け，生涯発達し続けていくものと考えられる。さらに，個人の経験は，社会的・文化的・歴史的な要因に取り巻かれており，それらの影響抜きには語れないともいえよう。

2　熟達化

では，青年期以降も知的能力が発達するとはどういうことを指すのだろうか。

大学へ進学し専門的な学問を学んだり，社会に出て何らかの職業に就いたりすることになれば，その領域や業界に特有の経験を積んでいくことになる。その中で人は，その領域に特化した知識やスキルを身につけ，必要なときに必要な情報を素早く思い出し，効果的な対処を導き出せるようになっていく。このプロセスは熟達化と呼ばれる。熟達者とは，いわゆるその業界でのベテランのことである。ここで得た知識やスキルは，その領域においてのみ有効であり，他の領域に応用することは難しいとされている（領域固有性による制約）。このような能力は，知能のように思考全体を含む知的能力ではないが，青年期以降も継続的に高まっていく能力であると考えられる。むしろ，熟達化には長い年月を要し，ベテランになれるのは中高年期になってからと考えられている。

3 加齢による知的能力の変化

上述のように,人間の発達は生涯かけて変化し続けると考えられる。しかし,一般には,知的能力は 20 歳代をピークに 30 〜 50 歳にかけて低下し,その後も衰えていくと素朴に考えられている。かつては研究の世界でもそのような考え方があった。これは古典的加齢パターンと呼ばれている。

ホーン (Horn, J.L., 1970) によれば,知能は性質の異なる 2 種類の能力に分けることができる。1 つは,結晶性知能と呼ばれ,過去の経験を通じて得られた言語的な知識や表現,社会的な知識のことで,個人の置かれた環境や文化から強く影響を受けるものとされる。もう 1 つは,流動性知能と呼ばれ,計算したり推論したりなど情報を処理する能力や新しい場面に適応する能力などのことであり,いわゆる頭の回転の速さのことである。

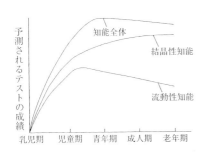

図 12 − 1 流動性知能と結晶性知能の発達的変化モデル

柏木惠子 発達とは? 柏木惠子・古澤頼雄・宮下孝広 新版 発達心理学への招待 ミネルヴァ書房 2005 から一部改変

これら 2 種類の知能は,加齢による変化がかなり異なっている。図 12 − 1 を見てほしい。流動性知能が青年期前半をピークにその後は低下し続けるのに対し,結晶性知能は青年期前半まで急激に上昇した後も低下することなく安定している。頭の回転の速さが問題とされるような流動性知能は低下の一途をたどるが,経験によって培ってきた知識がものをいうような結晶性知能は,加齢による低下を引き起こさないのである。

さらに,流動性知能の低下に対しても疑問が投げかけられている。鈴木忠 (2008) は,シャイエが行ったシアトル縦断研究のデータを再分析している。同じ年に生まれた対象者ごとに,加齢による得点変化を見ると,古典的加齢パターンと比較して明らかに右下がりの度合いが小さいことが示されている (図 12 − 2)。再分析されたのは帰納的推論という知能検査の得点であるが,これは流動性知能の代表的な指標である。

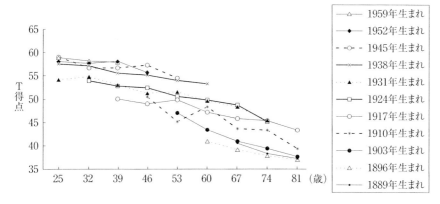

図12-2 同一コホートにおける知能検査得点の縦断的変化

Schaie, K.W. *Developmental influences on adult intelligence : The Seattle Longitudinal Study.* New York : Oxford University Press. Table4.2, 2005 をもとに作成

　この分野の研究手法の多くは横断的方法である。これは、さまざまな年齢の人を集めて知能検査などを一斉に実施する方法であるが、世代間の差や社会文化的な背景による影響を取り除くことができないことが指摘されている。シアトル縦断研究は、これらの影響を考慮し、複数の世代（コホート）を対象に何年も追跡して検査し続けるという系列法を実施している。加齢による変化は、世代・社会・文化による影響を受け、さらに個人的な経験による影響も大きく、人間全体の平均的な姿を探る手法だけではとらえきれないことを示している。

4　知能の多様性

　知能検査を生み出したのは、フランスの心理学者ビネー（Binet, A. 1857 ～ 1911）である。彼は、さまざまな知的行動の背後に、ただ1つの知的能力があると考えていた。しかし、その後、知的能力は1つではないという考えが提案されるようになってきた。先述の流動性知能と結晶性知能もその1つである。さらに、最近の研究では、スタンバーグの三頭理論やガードナーの多重知能説など伝統的な知能観にとらわれない理論が提唱されている。三頭理論では、知能を分析的知能、創造的知能、実践的知能（日々の問題解決能力）の3つから

成り立つと考えている。分析的知能は，流動性知能と結晶性知能に相当する知能であるが，創造的知能と実践的知能は，それまで注目されていなかった領域の能力である。多重知能説では，さらに新たな領域を含んでいる。それまでの知能観にも見られる，言語的知能，論理―数学的知能，空間的知能以外に，音楽的知能，身体―筋運動的知能，自我的―対人的知能などが考えられている。このように，現代，知能は多様性のあるものと考えられるようになってきている。

2節　青年期以降の社会的発達

1　アイデンティティの形成

　エリクソンは，青年期の発達における主題として「アイデンティティの達成対アイデンティティ拡散」を挙げている。アイデンティティとは，「自分とは何者かと自問した結果得られた答えそのもの」（伊藤美奈子, 2006）であり，さらにその自分が周囲の他者から認められることによる自覚や自信，生きがいのことを指す（大野久, 2010）。

　青年期以前においては親との関係が主たる関係であり，子どもは親から与えられた価値観をそのまま受け取る。それが成長するにつれて，親から与えられた価値観や基準に疑問を持ち始め，同時に「では，自分はどう思っているのか？」「自分はどうしたいのか？」「自分とは？」と自問していくことになる。親の言うことに批判的になったり，拒否したり，親から見れば反抗と見えるかもしれないが，これは，子どもが自分を探し始めたという自我の発達を意味するのである。

　さらに，青年期になると友人関係の存在が大きくなってくる。親よりも自分と同世代の友人たちがすることや言うことの方が，子どもにとって重要な意味を持ってくる。そこでは，友人と比較することで優越感や劣等感などを感じ，それを通じて自分を知っていく。また，友人と共通の活動を楽しんだり，友人

の真似をしたりすることが新たな領域へのチャレンジになったり，新たな自分の発見につながったりもする。

2 就職・キャリア形成

　アイデンティティの達成は，職業や就職と結びつけて語られやすい。決してそれだけではないが，やはりどの職業に就くかということは，アイデンティティの重要な位置を占める。また，就職しさえすれば，すぐにアイデンティティが達成されるというわけではない。周囲から認められ自信や生きがいを実感しなければアイデンティティ達成とはいわないが，まったく経験のない新入社員が最初から自信や生きがいを持っているとは考えにくい。ある程度の年月，経験を通して，身についてくるものだろう。したがって，職業選択する時点においては，この仕事に生きがいを持てるかはわからない，しかしそうなれるように頑張っていくと意思決定をすることが大切なことだと考えられる。昨今，大学を卒業しても定職に就かずアルバイトだけでやっていく（フリーター），就職もせず別の学校に進学するわけでもなく自宅にいる（ニート）若者が増加しているといわれる。不況による就職率の低下や正規雇用の減少が大きな原因ではあるが，若者自身が意思決定をするほどに十分に発達していない，そうなりやすくしている社会環境や社会構造の問題なども指摘されている。職業に従事し，何らかの生産的活動をするということは，社会の一員として社会に貢献するということである。若者が就職をするということは，アイデンティティ達成という個人の面から見ても，社会全体の仕組みから考えても重要なことである。

　そして，成人期においては，その職業に積極的に従事し，職業特有の知識や技能の獲得（熟達化），キャリア形成が重要な課題となる。同時に，成人期は多くの人が結婚し，夫や妻としての役割，親としての役割も担うことになる。多重役割によるストレスによって問題を抱える危険性もある。また，近年，終身雇用が当たり前ではなくなり，何回かの転職をしなければならないケースも増えてきた。その中で，どのようにキャリアを活かしていくのかも重要な課題

となっている。

3　結婚生活・子育て

　現代の夫婦関係の様相は，ひと昔前とかなり異なるといわれている。柏木惠子ら（2003）は，近年の研究を概観し，夫婦関係における「愛情」を重視する傾向が強くなっているとしている。しかし，結婚生活は，生活習慣の異なる2人が共同生活をするということであり，そこでは必ず葛藤が生じる。愛情があるだけでなく，2人の間にその葛藤を調整し解決する力が必要となる。

　また，現在では見合い結婚よりも恋愛結婚が主流となり，結婚後も親世帯と同居することなく，核家族を形成していくことが多い。結婚が「家」同士の関わりという風潮も消えつつある。このような状況は，親世帯とのトラブルや親戚付き合いも少なく気楽に結婚生活が送れるという面もあるが，同時にそういったネットワークから得られるサポートも少なくしていると考えられる。現代の子育ては孤立しやすく，経験者からのサポートが得にくいといわれるが，その一因でもある。

　ベルスキーとケリー（1995）によれば子どもの誕生は結婚生活を悪化させる。夫婦にとって子どもの誕生は，日常生活の大きな変化であり，親として子育てをするために多大な労力と時間を費やすことになる。夫婦の間で親としての役割や家事を分担し，仕事への関わり方も調整しなければならない。これは簡単なことではなく，夫婦の間のすれちがいや葛藤なども引き起こすと予想される。さらに，現在の日本社会においては，母親が育児のため職場を離れることが多く，父親の育児参加もまだそれほど多くはないため，特に母親の育児不安が高くなるという特徴がある（平木・柏木，2012）。このような状況の中，これまでの夫婦関係を見直し，新たな関係を再構築することが重要な課題であるといえる。小野寺敦子（2005）は，日本の夫婦においても，親になることによる親密な感情の低下が見られるとしている。しかし，親になって3年を経過すると，親密な感情は下がったレベルのまま安定し推移していることも示している。夫婦関係の再構築に向けての移行期間と考えられるのではないだろうか。

また，親としての行動や子どもを育てるために必要な資質は，子どもが誕生すれば自然と身につくものではない。親自身がまだ幼い乳幼児期の頃から準備され育まれる。親としての愛情，親としての行動の基盤となるものを小嶋秀夫（1989）は養護性と呼んだ。養護性とは，弱い存在や生きとし生けるものを慈しみ育てるという気持ちや行動のことと考えられている。つまり，養護性の対象は，自分の子どもだけではなく，一般的な子ども，高齢の人，怪我をしている人，動植物なども含まれる。きょうだいとの関わりや，乳幼児との触れ合い，動植物を育てた体験などを通して育成され，実際にわが子との具体的な関わりを通しても育っていく。養護性は親になることによっても発達していくものなのである。

4　中年期の危機

中年期はさまざまな心身の変化に直面し，環境の変化もおとずれる。それに伴い，これまでの半生を振り返り自己のあり方を再構築する時期であるといえる。

岡本祐子（2004）は，中年期における心身の変化を，以下の3つにまとめている。1つ目は，身体的変化である。運動能力や体力の低下，生活習慣病の罹患率の上昇，性機能の低下などである。2つ目は，家族における中年期の危機である。多くの家庭では，子どもたちが青年期に達し，親からの自立を模索し始める。子どもの自立によって，親役割を喪失した母親が心身の不調を訴えることがあり，これは「空の巣症候群」と呼ばれている。また，子どもの自立は夫婦関係にも変化をもたらす。子どもを介した母親父親としての役割で安定していた関係から，パートナーとしての結びつきが重視される関係に変化していく。現代の日本は，この時期において夫婦関係に大きな危機があることが指摘されている。1990年代に入って行われた日本の結婚・夫婦関係に関する研究は，結婚をめぐる意識・感情に夫婦間のギャップがあること，特に中年期以降の夫婦ではこの傾向が著しく，配偶者や夫婦関係に対する満足感は妻の側が顕著に低いことを明らかにしている（柏木ほか，2003）。

3つ目は，職業人としての中年期の危機である。現代社会は，職場環境が急激に変化している。技術革新により古い技術が無用のものとなり，新しい技術の習得が要求される，終身雇用制や年功序列制の揺らぎ，職業上の能力や出世の限界感の認識などである。

このような中年期における変化は，ともすれば心身の不調や症状につながる。これが中年期の危機である。そこでは，「自分の人生はこれでいいのか」「自分の本当にやりたいことは何なのか」と自己の問い直しを迫られる。レヴィンソン（1992）の発達課題によれば，中年期においては，若さと老い，破壊と創造，男性性と女性性，接近と回避の間の葛藤を経験し，それらが中年期の危機となる。この危機を乗り越えるためには，これらの対立する特性を自分の中で統合し受け入れることが必要だとされている。青年期に確立したアイデンティティを問い直し，人生の振り返り，価値観の修正，生き方の模索などを通して，再び納得のできるアイデンティティが再構築されていく。

しかし，このような中年期の危機をすべての人が体験するわけではないことも指摘されている。ヴァイラント（Vaillant, G.E., 1977）は大学の卒業生を追跡調査した結果，中年期に職業や家庭生活においてさまざまな変化を体験するが，中年期の危機に陥った者は非常に少なかったとしている。中年期の人々の多くは，ストレスや変化に対応するために必要な能力を身につけており，またそれをサポートしてくれる社会的資源を持っている。中年期の変化を危機として体験する以前にうまく適応していることが示唆されるのである。

5　老年期の英知

中年期に始まったさまざまな心身の変化は，老年期に入ってもさらに続く。老いや衰えの認識も強まり，自らの死についても明確に意識するようになる。

エリクソンは，老年期における発達主題を「統合性対絶望」とし，統合性を獲得したとき人は英知の状態に至るとした。死を目前にし，さまざまな機能低下の脅威を突きつけられ，その中で人生を回顧する。自分の状態やさまざまな人生のあり方について，良い悪いの一元的な見方ではなく，多様な側面を持つ

ものとして統合的に受け入れることができるかどうかである。統合的な見方を獲得したということは，自分も含めて他者や社会全体に対しても，1つの見方にとらわれない柔軟な見方ができるということである。人間や社会について幅広い知識を持ち，自分の価値観や信念を常に問い直し相対的に考えられる。このような状態が英知を備えたということだろう。

　英知の状態はどのように獲得されるのだろうか。バトラーは，高齢者が自らの人生を回顧することによって，人生に新たな意味が与えられる，このような成育史に関する回顧をライフレビューと名づけている（林智一，2004）。さらに，シュタウディンガーは，人生を回顧するといっても2種類のやり方があることを指摘している（鈴木，2008）。1つは，単に過去の出来事を想起するだけの「追憶」である。1人で思い出を懐かしんだり，家族と昔話に花を咲かせたりなどである。もう1つは，想起した出来事について分析し評価を加える「内省」である。例えば，自分のしたことは周囲の人にどういう影響を与えたのか，自分のしたことにどういう意味があったのか，などを考えたり，そのときの自分と10年前の自分を比べたり，深い内省を伴う人生の回顧である。「内省」をすることによって，自分が関わった出来事を相対的にとらえ，自分自身についての理解が深まり，人生に新たな意味づけを与えられる。

　その人の人生が実際にどういうものであったのか，つらく苦しい出来事の連続であったのかもしれない。しかし，英知の状態に至るかどうかは，どのような人生を送ったかというよりは，自分の人生をどのように意味づけするか，新たな意味を見つけ出せるかであるといえる。そして，それらをその後に続く生活にどのように活かしていくかであるともいえる。

演習課題

課題1
・青年期の思考の特徴である，形式的操作について具体的に説明してみよう

・親になることによる課題とはどのようなものか，考えてみよう。

課題2

・熟達化のプロセスは領域（職業）によって異なる。具体的にどのような領域（職業）でどのようなプロセスを経るのか，先行研究を調べてみよう。

・自分はアイデンティティを達成しているか，職業選択についてどう考えているか，じっくり考えてみよう。

引用・参考文献

ベルスキー，J.・ケリー，J.　安次嶺佳子訳　子供をもつと夫婦に何が起こるか　草思社　1995

林智一　人生を回顧する　無藤隆・岡本祐子・大坪治彦編　よくわかる発達心理学　pp.156-157　ミネルヴァ書房　2004

平木典子・柏木惠子　家族を生きる―違いを乗り越えるコミュニケーション―　東京大学出版会　2012

Horn, J. L.　Organization of data on life-span development of human abilities. In L. R. Goulet & P. B. Baltes（Eds.）*Life-span developmental psychology : Research and theory*. Academic Press.　1970

伊藤美奈子　アイデンティティ（用語解説）　内田伸子編　発達心理学キーワード　p.241　有斐閣　2006

柏木惠子　発達とは？　柏木惠子・古澤頼雄・宮下孝広　新版　発達心理学への招待　ミネルヴァ書房　2005

柏木惠子・平山順子　結婚の"現実"と夫婦関係満足度との関連性―妻はなぜ不満か―　心理学研究　74　pp.122-130　2003

小嶋秀夫編　乳幼児の社会的世界　有斐閣　1989

レヴィンソン，D. J.　南博訳　ライフサイクルの心理学　講談社　1992

岡本祐子　中年の危機　無藤隆・岡本祐子・大坪治彦編　よくわかる発達心理学　pp.142-143　ミネルヴァ書房　2004

小野寺敦子　親になることにともなう夫婦関係の変化　発達心理学研究　16　pp.15-25　2005

大野久編著　エピソードでつかむ青年心理学　ミネルヴァ書房　2010

鈴木忠　生涯発達のダイナミクス　東京大学出版会　2008

鈴木忠・飯牟礼悦子・滝口のぞみ　生涯発達心理学―認知・対人関係・自己から読み解く―　有斐閣　2016

Vaillant, G. E.　*Adaptation to life*. Little Brown.　1977

コラム 12

日常経験に依存した思考——4枚カード問題

「4枚カード問題」「ウェイソン（Wason）課題」と呼ばれる課題がある。下の図の（a）のような4枚のカードについて「一方の面に母音が書かれているときは，もう一方の面には偶数が書かれている」というルールが成立しているかどうかを確認するためには，できるだけ少ない枚数でどのカードを裏返せばよいかという問題である。次に，図の（b）について，「アルコールを飲んでいる人は，年齢が20歳以上である」という社会的なルールが守られているかを確かめるには，という問題はどうだろうか。

（a）に対し，多くの人は「E」と「4」と答えてしまうが，正解は「E」と「7」である。「4」の裏は母音でも子音でもよいが，「7」の裏は必ず子音でなければならず確かめる必要がある。これに気づかない人が多いのである。では，（b）についてはどうだっただろうか。（b）の正解は，「ビール」と「16歳」である。お気づきのように2つの課題とも問題の構造は同じであるが，一般に（b）の方が正答率は高くなる。（a）では気づきにくいが，（b）では，何歳の人が何を飲んでいなければいけないかについても容易に考えが及ぶようである。

人の思考は形式的な論理に従ってのみ行われているのではなく，問題の状況や文脈に身を置いて考えられるか，その領域の知識をどれくらい持っているか，そのような日常経験によって大きく影響を受けることがわかる。

13章 発達のつまずき

学習の目標

1 発達のつまずきの発見について理解する。

2 発達のつまずきのある子どもの特性を理解する。

3 発達のつまずきについての評価の方法を理解する。

4 保護者支援と専門機関との連携の必要性について把握する。

― キーワード ―

乳幼児健康診査，知的障害，自閉症スペクトラム障害，注意欠如・多動性障害，学習障害，特別支援教育，療育，アセスメント，個別教育計画

1節　発達のつまずきの早期発見

1　乳幼児健康診査

　子どもが身体面・精神面共に健全な発達をしているかを確認し，病気や発達のつまずきを早期に発見することは重要なことである。そのような場としてわが国には，乳幼児健康診査（以下，健診）がある。これは，母子保健法に基づ

き市町村が乳幼児に対して行う集団健診であり，1961（昭和36）年からスタートした3歳児健診においては，身体測定，視力・聴力検査，集団生活をするのに必要な社会性や言語・運動面など，身体発達・精神発達の両面の発達が確認される。続いて1977（昭和52）年からスタートした1歳6カ月健診においては，保健師による問診，身体（体重，身長，胸囲，頭囲）の計測，医師による診察，歯科検診，栄養指導のほか，子育てや発達についての個別相談も設けられている。健診の受診率は，3歳児健診94.1%，1歳6カ月健診95.5%（厚生労働省2016年度報告）と非常に高い。両健診において発達のつまずきの可能性が発見され，特別な支援が必要とされた幼児にはフォローアップグループ（親子教室）や療育機関などが紹介されている（図13-1）。このようにそれぞれの時期での早期発見を適切な早期対応へつなげていくことが大切である。

さらに近年では，身体発達や病気の発見だけでなく，自閉症や注意欠如・多動性障害（ADHD）など発達障害の早期発見と支援の必要性も求められている。発達障害のある子どもへの早期療育の効果は国内外で多く報告されているが，子どもの年齢が低ければ低いほど，また障害が軽ければ軽いほど，親は問題に気づいていない場合が多く，障害の受容には一定の時間が必要である。したがって乳幼児期においては，専門機関への紹介を急ぐばかりではなく，子育ての困難さや不安を和らげ，子どもに十分な愛情を抱いて向き合えるよう支援することを目的とした親子遊びの場を提供し，対象児については「気になる子

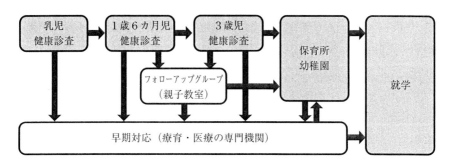

図13-1　早期発見と早期対応のシステム
福永博文・藤井和枝編　障害をもつ子どもの理解と援助　コレール社　2001　一部改変

176

ども」として経過観察を続け，保護者には子どもの特徴についての正しい理解
と発達の見通しが持てるよう支援していくことも大切である。

2　5歳児健康診査

　前項で見てきた乳幼児健診のほかに，近年では発達障害の早期発見を目的と
して，5歳児健診を実施している自治体もある。5歳児健診は，3歳児健診で
は気づきにくい「行動上の問題」や「集団適応上の問題」を持った発達障害の
子どもたちを，保育所・幼稚園生活を経験している5歳の段階で発見し，適切
な対応と二次的な不適応を予防し，保護者への支援を行うことを目的として行
われているものである。しかし，既存の1歳6カ月健診・3歳児健診でのスク
リーニング体制の整備とスクリーニング後の支援体制の充実を図ると共に，保
育所・幼稚園における支援体制を強化してくことが大切であり，新たに5歳児
健診を創設する必要はないと結論づける研究もある。5歳児健診実施の有無に
かかわらず，各々の地域の実情に応じた健診システムを構築していくことが求
められている。

2節　発達のつまずきのある子どもたち

　発達のつまずきのある子どもたちの診断において，日本の医療現場で最も
多く用いられている基準は，アメリカの精神医学会が作成した「精神疾患の
診断・統計マニュアル（DSM）」と，世界保健機関WHOの「国際疾病分類
（ICD）」である。DSM，ICDとも改定が重ねられ，前者の最新版はDSM-5
（2013年5月改定），後者はICD-11（2018年改定予定）である。用語の使用に
ついては，日本の法令や学会によって表記が異なっているため，その都度説明
を加えながら，以下各々の障害について述べていく。

1　知的障害

　知的障害は，かつては「精神薄弱」という用語か使われていたが，1999（平成11）年4月からはわが国ではすべての法律上の表記が「知的障害」に改められた。この用語は，主に教育・福祉などの分野で用いられている。医学的な診断名としては，従来「精神遅滞」という用語が使用されてきたが，差別的な意味合いを持つということから，DSM-5においては「知的能力障害（Intellectual Disability）または知的発達症，知的発達障害ともいう」と記している。原文はIntellectual Disabilityであるため，本節では一般的な用語である「知的障害」を用いることとする。

　知的障害の定義は，DSM-5と，わが国の知的障害児教育・福祉に大きな影響を与えたアメリカ知的障害・発達障害学会（American Association of Intellectual and Developmental Disorders：AAIDD）に基づいたものがよく使われており，そのどちらも①知的能力の顕著な遅れ（おおよそIQ70以下）が認められる，②日常生活における適応行動に障害を伴う状態である，③発達期（18歳未満）に症状が発症している，の3点を総合して判断することになっている。つまり，知能指数が70未満であればただちに知的障害とみなされるのではなく，概念形成・社会的領域・実務的領域の社会生活を営む上での生活能力に合わせて軽度・中度・重度の判断をすることとなった。IQはあくまでも参考値とされているが，通常IQ71～84程度を境界域と呼び，平均範囲と遅滞との境界線上にあると考えられている。知的機能は知能指数により表13-1のような分類がされており，分布としては，軽度域が遅滞群全体の85%

表13-1　知的障害（精神遅滞）の区分と出現率

精神遅滞の区分	IQレベル	精神遅滞内で占める割合
境界域	71から84	精神遅滞に属さない
軽度	50～55からおよそ70	85%
中度	35～40から50～55	10%
重度	20～25から35～40	3～4%
最重度	20～25以下	1～2%

鯨岡峻著　障害児保育　ミネルヴァ書房　2009　一部改変

を占めており、重度に向かうに従って人数は少なくなっている。

　知的障害のある子どもたちへの支援としては、短期間で達成可能な課題を設定し、課題をスモールステップで進めていくことが基本である。障害があるからといって、過剰な手助けは本来持っている能力を伸ばすことができなくなってしまうため、発達段階を正確に押さえ個別指導計画を作成し、常に見直しを繰り返しながら適切な支援ができるようにしていくことが大切である。

2　自閉症スペクトラム障害

　自閉症という呼称については、日本の発達障害者支援法とアメリカ精神医学会のDSM-5とでは異なっている。発達障害者支援法における広汎性発達障害、自閉症、アスペルガー症候群などの用語は自閉症スペクトラム障害（Autism Spectrum Disorder：ASD）と読み替えてよいだろう。医学的に用いられている用語を整理するために、DSMで使用されている名称の変更を図13－3に示した。DSM-5の前身であるDSM-Ⅳでは、社会性の発達障害を示すグループを広汎性発達障害とし、その診断カテゴリーに自閉性障害、レット障害、小児期崩壊性障害、アスペルガー障害、特定不能の広汎性発達障害があったが、DSM-5では、レット障害以外の下位診断項目4つがすべて自閉症スペクトラムにまとめられた。自閉症スペクトラム障害のスペクトラムとは「連続体」と

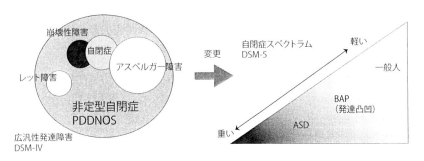

図13－2　広汎性発達障害と自閉症スペクトラム障害
杉山登志郎　自閉症スペクトラムの臨床　発達障害研究36-1　2014

いう意味であり，自閉的特徴の強さにははっきりした境界がなく連続しており，強いものもあれば弱いものもあるということを意味している。

自閉症は，以下の2つの行動特徴が幼児早期から出現するが，後になって明らかになるものもあり，その症状が日々の活動を著しく制限する場合に診断される。

①社会的コミュニケーション及び対人的相互反応における持続的障害

名前を呼んでもなかなか注意を向けない。視線や接近を回避する。他者の気持ちに共感しにくい。1人でいることが多く，友達にあまり関心を示さない。アイコンタクトやジェスチャーによる意思伝達も苦手である。顔の表情を読み取るのが困難である。言葉が達者なようでも一方的な話し方をし，会話が成立しにくい。

②限定された反復する様式の行動，興味，活動

おもちゃの一列並べや缶を積み上げるなど，物を規則的に並べる。自分なりの独特な手順や様式があり，それを変更することが困難。ぴょんぴょん跳んだり，手を目の前でヒラヒラさせるなどの反復的な行動がある。

その他，感覚がとても敏感，あるいは非常に鈍いという特徴もある。赤ちゃんの泣き声や踏切音が嫌いで耳ふさぎをするなど音に対する敏感さ，一度見たものをよく覚えているという視覚の敏感さ，また，特定のにおいが苦手という嗅覚の敏感さ，服のタグや特定の繊維質の肌触りが苦手という触覚の敏感さを持った子どももいる。しかし，これらの特徴は子どもによって現れ方が異なり，また年齢と共に大きく変化することもある。

自閉症の子どもたちへの支援としては，苦手な点ばかりに注目するのではなく，子どもの持つ力を十分に発揮することを目指し，意欲を高めていくことが大切である。また特性を踏まえた支援も有効である。その1つの方法として「構造化」という考え方がある。「構造化」とは，アメリカ・ノースカロライナ大学のショプラーが研究開発した自閉症療育・援助プログラムTEACCH（Treatment and Education of Autistic and related Communication handicapped Children）の基本原理の1つであり，「いつ」「どこで」「なにを」「ど

のように」といった情報を目に見える形で提示し，わかりやすい状態を作ることをいう。自閉症の子どもたちの多くは視覚認知が強く，視覚的な情報が理解の手がかりとなるため，例えば場所と作業を一対一で固定し，カーペットで色分けしたり，つい立てで境界線を作るなどし，それぞれの場所で何をすべきかを容易に理解できるようにすると安定して行動できるようになる。これを物理的構造化（環境の構造化）という。また日課や行事予定などを絵・写真・文字による視覚的なスケジュール表で前もって示す（スケジュールの構造化）と不安や混乱が軽減する。このような自閉症の特性を踏まえた支援も有効である。

3　注意欠如・多動性障害（ADHD）

注意欠如・多動性障害（Attention-Deficit/Hyperactivity Disorder[注1]：ADHD）は，前述の DSM-5 における医学的な用語である。一方，発達障害者支援法をはじめとする日本の法律では，注意欠陥多動性障害という用語が用いられている。ここでは，略称である ADHD を用いる。

ADHD は，「不注意」（課題や遊びの活動で注意を持続できない，話しかけられたときに聞いていない様子，順序立てて成し遂げることができない，外からの刺激に注意を奪われてしまう，忘れ物が多いなど）と，「多動性−衝動性」（じっとしていられない，落ち着きなく歩き回る，しゃべりすぎる，質問が終わる前に出し抜けに答えてしまう，順番を待てないなど）の症状が同年代の子どもより顕著であり，これらの特徴が12歳になる前から，家庭と学校など2カ所以上で長期間続いており，日常生活に著しく支障をきたしている場合に診断される。出現率は各国の報告に多少の違いはあるが，おおよそ3〜7%であり，男児の方に多く認められる。

ADHD の子どもたちは，上記の行動特徴を持っているため，生活の中で逸脱行動や規則違反が目立ち，禁止や叱責を受けることが多い。その結果，自信を失い，自己評価が低くなり，うそをついたり反抗的な態度をとってしまい，また叱責を買うといった悪循環をきたすことも少なくない。周囲の者は，彼らの得意な点を評価し，同時に社会的スキルと自己コントロール力を高め，自信

を育んでいくことが大切である。

4 学習障害（LD）

　学習障害[注2]とは，知的な遅れがないにもかかわらず，聞く・話す・読む・書く・計算する・推論するなどの特定の能力間のばらつきが極端に大きく，そのために学習の成果がなかなか上がらないという特徴を示す子どもたちのことである。学習障害のある子どもたちは，学習場面や生活場面でさまざまな困難に直面している。例えば，読みの学習場面においては，文字を読み間違えたり，行を飛ばしたりしてしまう。書くことに関しても，黒板の文字を写すときも一文字ずつ書いては黒板を見るというように，時間をかけないと写しきれない。書写も文字が整っていなかったり，マス目からはみ出したりしてしまうことが多い。計算の学習場面では，筆算のとき，位取りがずれてしまったり，文章題が苦手であったりする。彼らは決して怠けているわけではなく，背景には認知発達のバランスの悪さやかたよりが存在していることが原因している。こうした特性を理解し支援していくことが望まれる。

　以上，発達障害の主なものの特徴を述べてきたが，これらの障害は図13－3に示したように併存していることもある。子ども理解の第一歩は障害の特性を知ることであるが，保育・教育現場においては診断名だけにとらわれず，目の前の子ども一人一人の発達の特徴をしっかり理解し，一人一人に合った個別の指導計画を立て，支援していくことが大切である。

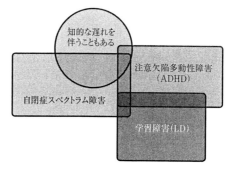

図13－3　発達障害の併存

3節 発達のつまずきとアセスメント

アセスメントとは，評価，査定のことをいう。発達のつまずきのある子どもへの発達アセスメントの手法には，保護者に対する面接法，日常場面や遊びの場面における行動観察法，発達検査や知能検査などの検査法がある。代表的な発達検査には，「姿勢―運動（P-M）」「認知―適応（C-A）」「言語―社会（L-S）」の3領域について発達年齢を評価できる新版K式発達検査，「移動運動」「手の運動」「基本的習慣」「対人関係」「発語」「言語理解」の6領域の発達特徴を評価できる乳幼児分析的発達検査法（遠城寺式），「運動」「探索・操作」「社会」「食事・排泄・生活習慣」「理解・言語」の5領域に分けて発達水準が評価できる乳幼児精神発達診断法（津守・稲毛式）などがある。自閉症児の発達検査の特徴として，他の領域に比べ「社会」と「理解・言語」に著しい遅れが認められるということが知られている。

知能検査としては，子どもにとってなじみやすい道具を用いて精神年齢を算出できる田中・ビネー式知能検査，LDにおける認知能力のアンバランスさを把握するためによく実施されているWISCやK-ABCなどある。どの検査法を用いるかについては，子どもの年齢，障害特性，発達段階などに合わせながら判断されている。

アセスメントは単に知能指数や発達指数を算出するのではなく，得られた情報や結果から子どもの特性と実態を把握し，効果的な教育や支援に活かすために実施されることが原則である。

4節 発達支援

1 発達のつまずきのある子どもたちへの療育

1節で見てきた健診において，発達上何らかの心配がある子どもたちは，早期対応の場である児童発達支援センターへ通い，きめ細かな支援を受けている。

13章　発達のつまずき　　183

表13－2　知的障害児通園施設のデイリープログラムの例

目標
・個々の子どもたちの生活や健康状態を把握し，規則正しい生活習慣や体力づくりに努める
・身辺処理を個々に合った方法で習得できるように支援すると共に，自分でしようとする気持ちを育てる
・療育を通していろいろなことへの興味や関心を育て，積極的に活動に取り組む姿勢や活動の楽しさを味わう
・集団生活を通して生活に必要なきまりが身につくようにし，生活経験の幅を広げ社会生活への適応性を育てる
・保護者に対して，子どもの育ちに必要な支援ができるよう連携を密にする

時刻 ＼ 曜日	月・火・木・金		水（4，5，7，9，10，11，2，3月）
8：30	通園バス（車内療育）		
	着替え・持ち物の始末・排泄		
10：20	自由遊び	10：20	個別療育
	クラス療育／グループ療育／合同療育		（地域園交流）
11：30	給食／歯みがき		給食／歯みがき／自由遊び
12：45	昼寝（6月～9月）		
	自由遊びクラス療育	13：00	着替え／排泄／降園準備
		13：30	通園バス（車内療育）
14：00	おやつ／着替え	＊地域園交流	
14：20	排泄／降園準備	5歳児（5，7，9，10，11月）	
14：45	通園バス（車内療育）	4歳児（9，10，11月）	
	（4，5月は14：15降園）		

その他
・児童精神科・小児神経科・歯科の診察を定期的に実施している。
・必要に応じて個別相談や言語療法・理学療法・作業療法・心理療法を受けている。

　児童発達支援センターとは，障害のある未就学の子どものための通所施設である。表13－2には児童発達支援センターの1つである知的障害児通園施設のデイリープログラム例を示した。通園施設においては，少人数単位のクラスで一人一人の子どもの発達ニーズに合わせ，基本的生活習慣の自立へ向けた支援や，遊びを発展させ認知発達を促すための療育が展開されている。保育士，児童指導員のほか，理学療法士，作業療法士，言語聴覚士，心理士，福祉士，看護師，栄養士など多様な専門スタッフが個別のニーズに合わせた専門的な支援を提供している。その他，個別発達相談や母親の勉強会も設定されており，子どもへの支援だけでなく，保護者への支援も行われている。

2　特別支援教育と個別の教育支援計画・指導計画

　発達のつまずきのある子どもたちの学校教育に関しては「特別支援教育」制度が整備されている。旧来の「特殊教育」においては，障害の種別や程度に応

じて養護学校や特殊学級といった特別な場で指導が行われてきたが，2007（平成19）年4月から実施されている「特別支援教育」では，一人一人の特別な教育的ニーズに応じた適切な指導や支援が行われるようになった。対象も「支援を必要としている子」へと広がり，これまで通常学級に在籍していた自閉症，ADHD，学習障害も含まれる。

　個々のニーズに応じた支援を行うには，支援する人や機関が異なっていても一貫して的確な教育的支援を得られることが望ましい。そのために乳幼児期から学校卒業後までの長期的な視点で「個別の教育支援計画」を策定することとされている。さらにより具体的に，短期間で指導していく内容を明記した「個別の指導計画」を作成することが求められている。生育歴や発達状況，得意分野や苦手な分野などを，保護者を含め教育的支援を行う複数の人の目で確認し，丁寧にその子どもの状態を把握していく。また，教育機関のみならず，主治医や保健師からの情報，発達・心理検査の結果なども参考にしながら，個別の支援内容を明記していくことが望ましいとされている。「個別の指導計画」作成については，新しい幼稚園教育要領や保育所保育指針においても触れられており，幼児期からの一人一人のニーズに応じた丁寧な保育支援が期待される。

3　保護者支援と専門機関との連携

　支援については，子どもだけでなく，保護者への支援も忘れてはならない。保護者支援において重要なのは，保護者との信頼関係を築くことであり，その基本は，子どもをしっかり理解し保育を充実させることにあるといえよう。保護者は，わが子が保育所・幼稚園で1日を楽しく過ごし，すこやかに成長していってくれることを願ってやまないが，時として，家庭では1人でできていることが園ではうまくできないなど，家庭と園とで子どもの姿が異なり，保護者が過剰な心配を募らせてしまうこともある。しかし保育者は集団場面での子どもの姿をしっかりとらえ，スモールステップできめ細かな対応をしていけば，子どもは着実に成長していく。園生活において初めて挑戦した活動や友達関係の広がりなど，園での子どもの変化を具体的に伝えていく中で子どもの成長

が認められると，保護者は保育者とのコミュニケーションを楽しみにしてくれるようになる。これが信頼関係形成の第一歩になると考えられる。さらに，園での姿だけでなく，子どもを取り巻く家庭環境（家族構成，家族との協力関係，経済状況，近隣との関係，家庭での過ごし方など日常生活状況）や，子育てに対する保護者の考え方などを理解することも大切である。子育てに不安や困難を感じながら頑張っている保護者を理解し，ねぎらい，子どもの発達を的確に把握した具体的な助言をしていくことが保護者支援においては重要である。

　また，保育所・幼稚園がすべての支援を引き受けるのではなく，地域の資源を活用していくことも大切である。統合保育の場だけでは十分培うことができない点は，個別指導を実施している専門機関での療育や訓練等を紹介し，両者が連携をとりながら子どもの発達を支えていく。また，言語聴覚士や臨床心理士などの専門家が保育現場へ出かけていき，実際に子どもの姿を観察しながら保育者と一緒に対応を検討する巡回相談を活用することにより，子ども理解を深め，関わり方や統合保育について考える手がかりを得ることもできる。そのほか，保健所や市町村の母子保健担当課，福祉事務所，児童相談所，こども発達センターやリハビリテーションセンター，大学関連の医療・療育機関など，地域の関連する機関と連携を取り合い，発達につまずきのある子どもとその家族が地域の中で豊かで充実した生活が営めるよう支援していくことが望まれる。そして保育者には，一人一人が保育の実践の中で力量を高め，子どもと共に成長していくことが期待されよう。

演習課題

課題 1

・ 発達のつまずきのある子どもを担当する保育者として，大切なことはどのようなことなのかを具体的に考えてみよう。
・ 発達につまずきのある子どもとのコミュニケーション取り方を考えてみよう。

課題 2

・保育所・幼稚園での実習で出会った「発達につまずきのある子」について，園で
　はどのような関わり方や支援が行われていたか，グループで話し合いまとめてみ
　よう。

・自分が住んでいる地域には，発達を支援する専門機関がどこにあり，どのような
　ネットワークを組んで支援がなされているのかを調べてみよう。

注1：Attention-Deficit/Hyperactivity Disorder は，『DSM-Ⅳ-R 精神疾患の診断・
　　　統計マニュアル　新訂版』（医学書院, 2004）においては「注意欠如／多動性障害」
　　　と訳されており，『DSM-5 精神疾患の診断・統計マニュアル』（医学書院，2014）
　　　では「注意欠如・多動症／注意欠如・多動性障害」と表記が改められた。

注2：医学的診断基準である DSM-5 においては，「限局性学習症／限局性学習障害」
　　　と表記されている。

引用・参考文献

American Psychiatric Assosciation　高橋三郎・大野裕監訳　DSM-5　精神疾患の分
　　　類と診断の手引　医学書院　2014
本郷一夫　シードブック　障害児保育　建帛社　2008
伊藤健次編　新・障害のある子どもの保育第3版　みらい　2016
岸井勇雄・武藤隆・柴崎正行監修　障害児保育　同文書院　2004
厚生労働省　平成19年度地域保健・老人保健事業報告の概況　2007
厚生労働省　乳幼児健康診査に係る発達障害のスクリーニングと早期支援に関する
　　　研究成果—関連法規と最近の厚生労科学研究等より—　2009
鯨岡峻　障害児保育　ミネルヴァ書房　2009
武藤久枝・小川英彦　コンパス障碍児保育・教育　pp.70-71　建帛社　2018
日本精神神経学会 精神科病名検討連絡会　DSN-5病名・用語翻訳ガイドライン（初版）
　　　精神神経学雑誌 116　pp.429-457　2014
尾野明美　保育者のための障害児保育—理解と実践—　萌文書林　2016
尾崎康子・小林真・水内豊和・阿部美穂子編　よくわかる障害児保育　ミネルヴァ
　　　書房　2010
杉山登志郎　自閉症スペクトラムの臨床　発達障害研究　36　pp.14-23　2004
豊田市福祉事業団　豊田市こども発達センター療育紀要　pp.106-107　2008

コラム 13

知能指数（IQ）と発達指数（DQ）

知能指数（Intelligence Quotient：IQ）は，精神年齢を一定の指数で表したものであり，以下の計算法で算出される。

$$IQ = \frac{MA}{CA} \times 100$$

年齢相応の知的能力を持っている場合を100として算出される指数であり，IQの平均値は100である。したがって，この値が100よりも大きければ発達が速いことを示し，100よりも小さければ発達がゆっくりであることを示していることになる。この計算におけるMA（Mental Age）とは精神年齢を指し，一般に田中ビネーやウェクスラー式知能検査など年齢を基準にした知能検査によってはかられたものを操作的に精神年齢と呼んでいる。CAとは，生活年齢（Chronological Age）で，暦年齢，実年齢などとも呼ばれる。

同様に，発達指数（Developmental Quotient：DQ）は，発達年齢を一定の指数で表したものであり，以下の計算方法で算出される。

$$DQ = \frac{DA}{CA} \times 100$$

したがってDQの平均値も100である。この計算におけるDA（Developmental Age）とは発達年齢を指し，知的面だけでなく，運動面，基本的生活面，対人関係面の発達など総合的な発達レベルを表したものである。

知能指数にせよ発達指数にせよ，結果として出てきた数値の一人歩きは危険である。数値を平均値と比べるだけでなく，どの分野が得意でどの分野が不得意なのかといった個人内差を把握し，教育・保育の支援に活かしていくことが大切である。

14章 児童福祉施設における子どもの発達

学習の目標
1 子どもの育ちについて学ぶ。
2 社会的養護について学ぶ。
3 児童養護施設の子どもの背景や特徴的な振る舞い方を学ぶ。
4 児童福祉施設での子どもへの働きかけにおいて留意することを学ぶ。

――― キーワード ―――

児童相談所，社会的養護，児童福祉法，児童養護施設，育ち，虐待，心的外傷後ストレス障害，相互作用，心理的支援

　本章では，子どもの発達について概観し，その上で，昨今増加している虐待を受けたり，不適切な養育環境を経験した子どもたちの理解と対応について学ぶために，児童福祉施設，特に児童養護施設を中心の題材として子どもへの対応について概説する。

14章　児童福祉施設における子どもの発達　189

1節　子どもが育つ上での環境の影響

1　家庭での育ちと施設での育ち

　子どもの発達は，以下の4つの領域の能力で考えられる。①身体的発達，運動発達，②認知（知的発達含む）の発達，③感情（情緒）の発達，④社会面の発達である。これらの発達は，それぞれが単独に発達するのではなく，相互に影響し合って発達していく。中でも心理的発達は，いずれにも関わり，大きな影響も受ける。そしてそれは，子どもの心身の発達に不可欠なことであり，主たる養育者の働きかけ及び両者の相互関係により，さらに確かなものになる。この情況を表す"アタッチメント"や"強いつながり""絆""基本的信頼感の獲得""アイデンティティ"などの概念は従来から認められており，周囲との関係性の重要性を改めて理解することができる。

　子どもは，日々の生活の中で助け合ったり喧嘩したり笑い合ったりする営みの中で，目に見えることと，見えないことの両面から多くのことを学び，生きることに関わる認知の枠組みを形成する。この"見えないこと"が重要なのであるが，言語化が難しいことでもある。それを確かにしていくためには，日常の中で親が子どもに自分自身の生きている姿をしっかりと見せることが，大切になる。親が意図的に「教える」こともあるが，子どもは親の生活する日々の姿を「見て，感じて」学習していく。言葉づかい，生活スタイル，料理，マナー，趣味など挙げていればきりがない。その"学ぶ＝まねぶ"すなわち"真似をする＝似たようにしてみる"ことが，認知発達の基礎を作る。人が人の中で生きていく上で必要な，情況を理解して対処していく力を，そうした経験によって身につけてゆくと考えられる。子どもは自分の周りの世界を，時に意図的に，あるいは非意図的に情報を入手し，取り込む。偶然の出来事の中から種々の発見をして学習し，意思を持って動けるようになる。それには人・外界（＝環境）との双方向のやりとりが必要なのである。子どもは，周りの人，環境そのものと働きかけ合い，多くのことを紡いで成長する。そして，「考えること」で自分でもその過程や因果を納得できるようになっていく。経験するこ

とが考えることを生む。このような発達は、何かの単独のスキルではなく、いろいろな働きが相互に関係し合って影響し促される。人は、イメージできないことは記憶にとどめにくいことを、山鳥（2009）が指摘している。イメージできるようになるためには、感覚的に体験したことを他者からフィードバックしてもらい、自分でもそのことを感じ、わかること（自身によるフィードバック）が必要といえるだろう。

1970年代後半に、スイスの乳幼児精神医学者D.スターンは、乳児が感覚優位であることを指摘した。乳児が感覚優位であることは、スイスの認知心理学者J.ピアジェも1950年代にすでに述べている。このことは、心理学の異なる領域で認められている乳児期の特徴といえる。人は、乳児の頃から外界と内面を感覚でつなぎ、主たる養育者と相互関係をとり続けることで、他者との関わり方のリズム、つまり対人関係の様式を感覚的に取り入れていく。加えて、それらは、生活場面で予測を立てて動く力に役立つことなので、非常に重要となる。したがって、生活で得られる経験、つまり、生活における"音"や"におい"を感じたり、環境を目にしたりすることや、主たる養育者が触ったり、声かけをしたりするなどの働きかけが、不可欠となる。いうなれば「生活力」といえるだろう。

しかし、施設で育つと、生きること、生活することに必要なものは整えられているが、日常のやりとりがどうしても不足しがちになる。認知の基礎の枠組みの形成は、通常の生活と少しずつ異なってくる。生活するイメージが乏しくなり、対人関係において自信を持てないことなどにつながるリスクが高くなると考えられる。このことの基本的理解は必要であろう。

2　社会的養護と法改正

a　児童相談所の役割と児童虐待

子どもが育つ社会環境はなかなか厳しい。従来から見られる問題の「いじめ」「不登校」。そして「虐待」さらに「貧困の問題」など、一歩間違えれば大変深刻な事態に、いつ遭遇するか、しないで済むのか。そうした子どもを

守る法律の1つに児童福祉法がある。児童福祉施設は，その児童福祉法に基づき，その目的に合わせて治療や療育，訓練，機能回復などのために設立されている。児童福祉法は，福祉六法の1つで1949年に制定された児童を保護するための法律である。1999年などの改正を経て2017年4月施行で改正されている。ここまでの経緯では，2012年に民法の一部が改正され，また，2002年発効の「児童虐待防止等に関する法律」（以下，児童虐待防止法）と同じく2017年4月施行による改正と共に，児童の福祉，安全に大きく関わる法律類が改正された。そして，その法律を遂行する代表的な機関が児童相談所である。いわば，児童福祉サービスの中核である。その代表的機能は，児童の相談・判定，保護者の指導等である。児童相談所は，2016年時点で全国に210カ所設置されている。受け付ける相談内容は，「障害」「養護」「育成」「非行」「保健」等で分類されている。「2015年度児童相談所における相談の種類別対応件数報告」によれば，「障害相談」が，全体の42.2％で最も多く，次が「養護相談」で36.9％であり，続いて「育成相談」が11.4％，「非行相談」3.6％，「保健相談」0.5％，「その他の相談」5.5％であった。この相談受付件数の降順はほぼ変わらないが，近年虐待相談を含む「養護相談」が増加し，数値的に「障害相談」には追いつきそうなほどである。

　児童相談所では受け付けた相談内容によって，専門的に対応（措置）していく。その中でしかるべき事由によって，公的責任で社会的に保護養育するものに「社会的養護」がある。受け入れ先は，乳児院や児童養護施設，里親が主である。里親を除く児童福祉施設では，保育や社会福祉，臨床心理学，看護学などの専門職者が多く子どもたちの養育や心理支援に中心的に関与する。

　先述したが，近年児童相談所で受け付ける「虐待相談」が増加の一途をたどっている。児童虐待の定義は，わが国では2000年11月発効，現在2017年改訂が最新の児童虐待防止法に明示されている。それは，現在，国際的にも共通の4つの種別で考えられ，それぞれに定義されている。4つの種別とは，「身体的虐待」「性的虐待」「ネグレクト（保護の怠慢）」「心理的虐待」である。

　その児童相談所での「虐待に関する相談」の経過を見てみると，2017年の

速報値による 2016 年度の「児童虐待に関する相談」の対応件数は，12 万 2578 件（2015 年度は 10 万 3286 件）で過去最多となった。この虐待相談の増加傾向は，統計を取り始めて以降ずっと続いている。例えば，2014 年は，42 万 128 件，2012 年には 38 万 4261 件である（以上，数値はすべて厚生労働省〔以下，厚労省と略記〕雇用均等・児童家庭局の「児童家庭福祉の動向と課題」2017 年 4 月による）。この増加の要因として，心理的虐待の増加が一因と考えられることが，各自治体への聞き取りによる報告として前述の厚労省の報告書に記されている。心理的虐待に関わる相談対応件数が前年度より 1 万 4487 件増の 6 万 3187 件である。背景に児童が同居する家族の家庭における配偶者に対する暴力（面前 DV）について警察からの通告が増えたことなども要因の 1 つとして挙げられる（厚労省前出報告）。また，近年の児童虐待相談件数の増加は，「子どもの権利条約」（1990 年発効）が宣言されたことも一因と考えられている。

　一方，虐待を受けた子どもの児童養護施設への入所率は，12 年前の 2004 年時点ですでに 6 割を超えている（子どもの虐待防止センター報告）。

b　社会的養護の現状

　そうした子どもたちへの支援の 1 つである社会的養護について本項で触れる。社会的養護とは，保護者のいない児童，被虐待児など家庭環境上養護を必要とする児童などに対し，公的な責任として社会的に養護を行うことを指す。対象児童は，約 4 万 5000 人である。表 14 - 1，表 14 - 2 とも，厚労省報告によるものだが，調査報告のうち，ファミリーホーム（以下 FH）数，委託児童数は，2016 年 3 月末の福祉行政報告例による。施設数，ホーム数（除，FH 数），定員，現員は，家庭福祉課調べ（2016 年 10 月 1 日現在），職員数（除，自立援助ホーム）は，社会福祉施設等調査報告（2015 年 10 月 1 日現在），自立援助ホーム職員数は，家庭福祉課調べ（2016 年 3 月 1 日現在）である。表 14 - 1 は，施設の現状である。児童養護施設が，社会的養護を要する児童の受け入れ先として最も多いことがわかる。設置目的からも十分考えられることだが，それゆえに職員の力量の向上が不可欠であることが理解できる。なお，児童心

14章　児童福祉施設における子どもの発達　　193

表14-1　社会的養護を担う福祉施設の現状（厚生労働省）

施設	乳児院	児童養護施設	児童心理治療施設	児童自立支援施設	母子生活支援施設	自立支援ホーム
対象児童	乳児（特に必要な場合は幼児を含む）	保護者のない児童，虐待されている児童その他環境上養護を要する児童（特に必要な場合は乳児を含む	家庭環境，学校における交友関係その他の環境上の理由により社会生活への適応が困難となった児童	不良行為をなし，またはなすおそれのある児童及び家庭環境その他の環境上の理由により生活指導等を要する児童	配偶者のない女子またはこれに準ずる事情にある女子及びその者の監護すべき児童	義務教育を終了した児童であって，児童養護施設を退所した児童等
施設数	136 カ所	603 カ所	46 カ所	58 カ所	232 カ所	143 カ所
定員	3,877 人	32,613 人	2,049 人	3,686 人	4,779 世帯	934 人
現員	2,901 人	27,288 人	1,399 人	1,395 人	3,330 世帯 児童 5,479 人	516 人
職員総数	4,661 人	17,046 人	1,024 人	1,847 人	2,051 人	604 人

表14-2　社会的養護における里親・ファミリーホームの現状（厚生労働省）

里親（家庭における養育を里親に委託）里親の区分（里親制度の種別）は，「養育里親」「専門里親」「養子縁組里親」「親族里親」がある。			ファミリーホーム養育者の住所において家庭養護を行う。定員 5～6 名。	
登録里親数	委託里親数	委託児童数	ホーム数	委託児童数
10,679	3,817	4,973	287	1,261

理治療施設は，2017 年 4 月より旧来の情緒障害児短期治療施設の名称が変更されたものである。

2節　児童養護施設に入所する子どもの背景と特徴

1　児童福祉施設と虐待・親との別離

　厚労省の 2015 年の報告（2013 年 2 月 1 日現在）で，児童養護施設入所児童の 59.5％，乳児院では 35.5％，母子生活支援施設では 50.1％ が虐待を受けていることがわかっている。2014 年度の厚労省の家庭福祉課「社会的養護の現況に関する調査」報告を見ると，新規措置児童の措置理由で，社会的養護の受け入れ先の里親，乳児院，児童養護施設いずれにおいても「父母の虐待」という理由が 15％ を超えて最も多く，児童養護施設では 35.2％ となっている。次に

「父母の放任怠惰」や「父母の養育拒否」などが多い。すなわち「虐待」と考えられる。また，全国児童相談所の虐待に関する相談受付件数の推移については，すでに述べたように増加し続けている。

　児童福祉施設である児童養護施設や乳児院には，何らかの理由で親や主たる養育者が子どもを育てられない場合や，親を亡くした子どもたちが入所する。児童心理治療施設は，治療が主たる目的となるが，乳児院や児童養護施設では，心のケアが施設設置の主たる機能ではない。しかし，父母の虐待等により入所する子どもが増えている昨今，こうした施設，特に児童養護施設は，心のケアを必要とする子どもの受け皿の専門機関のようになっている。理由の1つは，全国での設置数が，児童心理治療施設46カ所に対し，児童養護施設が603カ所と数的な格差があることは考えられる。（以上，「2016年10月1日厚労省家庭福祉課調べ」）生活そのものをサポートするだけではなく，心のケアも必要となっている現状を考えると，施設での支援の内容を再考する必要であることがわかる。

　そこで，子どもたちに起こっている心の傷，それによって引き起こされる事態について次項で学習する。

2　虐待のもたらす状態

a　虐待被害の主な影響

　虐待被害を受けることで子どもには，後述する心的外傷によるストレスを中心とした種々の症状，生活態度，振る舞い方，さらには生きる上での価値観，自分に対する評価など多岐にわたってネガティブな影響が及ぶ。その顕著な現れ方は，他者へも自分へも信頼感が持てない，自分に否定的になったり，自制心が十分に育たないことなどが挙げられる。具体的な行動としては，口のきき方が悪い，周りとすぐにトラブルを起こす，他人の物を盗むなどがある。そしてこれらは，対人関係をうまく持てないことにもつながる。それは，心の底で深く強く長い漠然とした不安があるからだと考えられる。その結果，自尊感情が低い，諦観（あきらめ）が早く，未来への希望が持てない，周囲の反対に過

度に臆病または敏感になるなどが起こってくる。しかも子どもたちは，出会う大人たちになかなか理解されず，表面化している問題行動に罰や叱責が与えられる扱いを受けやすい。そうなるとますます自己評価が下がるだけで，状態は改善されないという悪循環に陥る。生活の中で認められ肯定されるような関わりが継続していけば，心の傷つきも軽減する可能性が広がる。だからこそ施設では，心理的な支援の一環として，きちんとしつけることと，その子どもがよりよい未来に向けた振る舞い方を身につけることが支えられる対人関係を続けられるために必要だという視点を持つことが望ましい。

　また，こうした多くの症状や障害に大きく関係していることが，心的外傷である。以下に，このことに少し触れる。

b　心的外傷によるストレス障害

　人は，虐待あるいは突然の災害・事故などによる親など大切な人との離別などに遭うと，それが重篤な心の負担となり，さまざまな心身の問題を引き起こす一因となる。言葉では言い尽くせないほどつらい体験が，一瞬にして強力に起こったり，深く長く継続することなどで，何らかの心理的な症状を呈するようになる。それが心的外傷であり，それによって生じる症状を，心的外傷後ストレス障害（Post Traumatic Stress Disorder, 以下，PTSD と略記）という。PTSD は，近年今まで以上に注目されるようになってきている。PTSD のベースは，長期に及ぶ深刻で強力な，当人では処理できないほど重い心的外傷体験である。平易にいえば，死の危機さえ感じるほどの恐怖体験といえる。つまり，その人の生涯を左右するような体験である。前出の症状のほかに代表的な症状は，睡眠障害，解離症状（心理的葛藤により意識野が狭くなって生じる症状），ファンタジーに浸る，反応の麻痺，覚醒亢進，消化器系統の不調，さらにホルモン分泌への影響，循環器系等への影響，身体症状として，発汗，胸や腕の痛み，頭痛，嚥下困難，疲れやすい，食欲の低下・増加，なども見られる。乳児でも，ミルクを飲めないことなども起こる。つまり，その影響は神経系，神経内分泌系，内分泌系に及ぶのである（ミッチェル J.T.，2003）。そしてこれらの症状は，経験した事件とはまったく異なる事態，あるいは普通の生活場面で

突然現れることが，よく観察される。外傷を受けたのと同じような事態であれば，フラッシュバックなどの症状などが現れることも理解もされるが，まったく無関係のような場面で起こるので，周囲の理解は得られにくく，子どもならば大人にただただ叱られることにもなる。それは二次的な心理的被害をもたらすことにもなる。そうした，心の傷つきが上乗せされていくような状態となり，なおいっそう当人は自信や自尊感情を持てない情況になっていくと考えられる。それ以外には，対人関係，特に恋愛関係での情緒的な関係性の継続，つまり相手と心を通わせ，愛情を育むといったことができず，性的関係だけで終始することなども見られる。

　また，このようなことも起こる。例えば，高校卒業時期に進路を決める過程で，資金援助が期待できるなど幸運な事態になると，本人が意図しない心の底からこみ上げてくるような不安に襲われる。そして，なぜか必要な手続きを完了しなかったり，その朗報を拒否してしまったりして，幸運を自ら壊してしまう。よりよい状態になることへの不安が，突然湧き起こるのである。

　そしてもう1つ，「急性の心的外傷」も重大事であることを知っておきたい。東日本大震災の際のエピソードであるが，震災直後，その未曽有の被害は大人も了解困難で，事態の行く末の不透明さに子どもたちの眼前でもテレビのニュースを流し続けていた。日本中の至るところでこのようなことは行われていたであろう。その，「普通」の状態の中，ある養護施設では，ある子どもが，テレビ画面を指さしながら「津波が大変なんだよ！　このあと津波が来るんだよ！」(ニュースが何度も同じ映像を放送していたので)と興奮して大声で喚く，別の子は，連日夜尿が起こる，他の子は泣く頻度が増す，さらに別の子は，他児をすぐに怒って叩くなどが現れた。職員からすると，いつもそういうことを起こす子がいつもより多く起こしているというとらえとなる。そうすると，集団の中なので他児に迷惑をかける行為とし，叱ったり注意したりすることになる。しかしこれは明らかに目の前の過度に怖い映像への急性のストレス反応と考えられる。実際，テレビを消す，大人が子どもといる時間を増やすなどをするとそれらの振る舞いは見られなくなった。こうした反応は日常でも起こりう

る行動なので，見落とすことがないようストレスがもたらす症状，行動上の特徴について知っておくことが必要である。

3節　児童養護施設における子ども

本節では，前述したように，心のケアを必要とする子どもの受け皿の専門機関のようになっている児童養護施設について述べる。

1　施設への入所と発達

a　施設入所

現在，児童養護施設（以降，施設と略記）には，虐待を受けた子どもたちが多く入所しているが，"虐待"ではない措置理由で入所している子どもも，もちろんいる。しかし，いかなる理由であっても子どもたちにとって親と離れて施設に入所することは，それだけで十分にダメージを負っていることと考えられる。この認識は，子どもの理解のための基本的な心構えである。

虐待以外の入所の理由は，親の重篤な疾病や経済的な理由，災害，事故などによる親との死別，病死による別れ，置き去り，親の服役，さらに行方不明などである。子どものこうした受け入れがたい別れ，喪失体験に対する支援も今後はさらに重要になると考えられる。もちろん乳児院でも，教育現場などでも考慮に入れなければならないことであろう。

さて，そうした体験を持つ子どもたちについてさらに考えていきたい。施設に入所する子どもたちの中には，乳児院から親もとへは引き取られず，そのまま施設に移行（「措置変更」という）する例も少なくない。こうした子どもたちは，親との生活体験がほとんどないという人生のスタートを切っている。子どもたちは親の庇護を失うという過酷な経験に加えて，新たな生活での有形無形な緊張感で，ストレスを募らせることが多い。似たような経験を持つ者同士の共同生活では，発達的にまだ十分に自分の気持ちを表現したりコントロール

できない時期であるため，それぞれが抱える心の傷をうまく自覚できず処理も
できないで回避しようとする。その際に起こるネガティブな感情をなかなか抑
えられないで，相互にイライラをぶつけ合ってしまう。子どもならば，コント
ロールを十分にできないのは当然であるが，それが過度だったり，必要以上に
抑制していたりすると，突然コントロールできなくなったりする。通常であれ
ば，子どもは親に守られ，しつけを受ける。そのやりとりで自身の「心」を形
作り，気持ちのコントロールなどを身につけてゆく。それが育て守られないま
ま，他人と生活する場面に晒されるので，相互に傷つけ合うことも起こる。そ
んな何重もの心の負荷がかかり，多くの不安を抱えて日々が過ぎる。

b　認知発達

　主たる養育者とのやりとりが十分でないと，認知発達にまで不利な影響を与
えると考えられていることはすでに述べた。子どもは，見聞きしたたくさんの
経験から，生活の中で予測をしたり，イメージして心構えをもって臨めること
を学ぶ。施設だけでなく家庭であってもこれが十分でないと，子どもはわから
ないことや知らないことがそのままになり，その結果，不安な気持ちが膨らみ，
周囲に対して緊張して構えるようになり，それが日常のストレスを増幅させる
リスクをはらむこととなる。

　現在の施設の態勢は，残念ながら子どもたちが必要としているケアと職員が
できることにズレが見られるのが実情である。おおむね職員は，子どもたちの
生活の支援をこなすだけで精一杯という状況になりがちである。乳児院でも同
様で，十分に手がかけられないことも多く，施設同様，乳児との相互のやりと
りが大幅に減ってしまう。このような環境は，認知の発達に少なからぬマイナ
スの影響を及ぼすことがあることを理解しておく必要がある。

2　対人関係の発達

　施設の多くでは，その形態（大舎制，小舎制，グループホーム制などがあ
る）によっても異なるが，いくつかの居室に別れて子どもたちは生活する。高
齢児になると個室が与えられることもある。施設によっては，個人のプライバ

シーや，1人の空間が取りにくい場合もある。病院や寄宿舎・寮であれば，必ず近い将来そこでの生活が終わることがわかっているが，施設では，いつまでここにいるのだろうか，という思いを抱きながら子どもたちは日々を過ごす。それは，居住（だけではないが）空間や居住環境による快適さやストレスの問題にも影響する。生じる事態を，個人だけの問題，相手との関係性としてとらえるのではなく，環境への目配りも重要である。集団での生活とは，そのように種々の影響を受けるということである。

　施設の生活の中で子どもたちは，気持ちのコントロールができず，相性の悪い相手とよく小競り合いを起こしたり，べったりと依存し合ったり，年少児を溺愛してみたり，八つ当たりしたりといろいろなネガティブな状態を呈する。本人は意識しているときと無意識のときの両方があるが，嫉妬心や羨望や悔しさ，ライバル心などがさまざまに心に去来する。もちろん，退所してからも生涯の友として付き合える関係を作ることもある。子ども間の関係性は，うまくいけば社会性の基礎作りになるだろうが，傷つけ合うこともある。

　学校に通うようになると，学校の友達や部活動などを楽しめたり，外とはあまり交流せず施設の中でゲームや庭で遊んだり，過ごし方は子どもによっていろいろである。最近では，経済面での支援の施策も出てきたことから，学習やスポーツのボランティアのみならず，外部の学習塾や習い事などに通うケースも見られるようになった。子どもたちは，経験を増やす中で他者との交わり方の機微を少しずつ身につけていく。施設内の関係だけでなく施設外の対人関係を経験することは，その意味で必要である。

3　子どもたちの揺れる心

　施設の子どもたちに共通する主たる思いは，寂しさや悔しさ，怒りである。一人一人の表現は異なるが，皆簡単に処理できない感情を抱えている。落胆や哀しみを抱え，自分に自信がない。将来への"希望"をなかなか持てないなどがある。そうした思いを，心理療法の場面があると，時に搾り出すように言葉にする。「なぜ自分のことを産んだの？」「一度も会ったことない。顔もわから

ない。育てられないなら産むなよ！」「自分はこの世にいてもしょうがないんだ」「自分のことを親はどう思っていたんだろう」。しかし，こうした思いは，誰もがこうして言葉に出せるわけではない。自分では気づいていないが，言葉にして素直に怒ることに怖さを感じ，心の中にしまい込んで気持ちの処理をできない場合もある。そうすると，こうした怒りが職員への怒りに取って代わり，職員を攻撃対象とすることもある。同様に，施設での生活に納得がいかない，わけがわからない，あるいは察しはついているが認めたくない，などのどうしようもなくもどかしくつらい思いを処理できなくて，イライラして望ましくない行動に出ることもある。それが，学校で出たり，学校では何の問題行動もないが施設内では出たりなど，いろいろである。行動化が，処理できない深い感情の代替であるという認識は，本人にはない。

　また，「親は普通子どもを置いて行くことなどしないよね？　だから，きっとうちの親，重い病気なんだと思うんだ」あるいは「親，すごい忙し過ぎてさ」などと，親をかばったり，理想化したりして現実から目を背けることなどがある。親の情報を一生懸命問い続ける子どももいる。また，「なぜ，ここに全然会いに来ないんだろう？」や「兄弟いるんだけどさ，なんでか自分だけここにいるんだよね。自分はその方がいいんだけどね」などと，悲しい思いを否認したり，解消されずに持ち続けていたことを搾りだすように話すこともある。

　また，「自分が悪い子なのでこんなにぶたれるのは当然だ。我慢しなくちゃいけないんだよ」といった，過度な罪悪感や自責感，自己卑下の感情を持つこともある。これが高じると過度な自己価値の低下になり，その時期が来ても就労しようとしなかったり，金銭に異様に執着したり，過度な虚栄心が高じて生活破綻をきたすなどを生じることもある。自尊感情を持てず自暴自棄になり，時には対人関係に支障をきたす，時には性の対象にされる場に身を置くなど，想像以上に多岐にわたる行動化が起こりうる。一方で，事故，災害被害などに見舞われた子どもたちは，「親ハ，自分ノセイデ死ンダノカモシレナイ」「親ヤキョウダイヲ助ケラレナカッタ」のように言葉で言い表せないほどの深い傷を抱える。これは，時間が経過すれば自然に癒えるものではない。

14章　児童福祉施設における子どもの発達　　201

したがって施設では，このような子どもたちの心のエネルギーを前向きにし，自己向上に向かうことを意識したサポートが必要になる。乳児院では，保育する人々と相互のやりとりを重視する働きかけが求められる。多くの研究者たちが述べてきているように，乳幼児期からの安心感，信頼関係の構築が，子どもの育ちの上で重要なことだと理解できる。

4節　児童福祉施設での保育——まとめに代えて

1　子どもへの目の向け方

入所した子どもたちは，なぜ自分がここに来ることになったか，何も説明を受けていないこともある。特別な心配りはなく，いきなり「施設に入所」という事実を突きつけられる場合である。子どもたちは，海図を持たず船に乗せられ海に出された状態のようだと筆者は感じることがある。子どもたちは，生きるのは大変だと思わされるであろう。いや，日々必死である。施設を卒業した後に，「何カ困ッタリ悩ンダリシテモ自分ハ親ニハ相談シタリ助ケテモラッタリスルコトハ期待デキナイ」と再認識し，落ち込むことが見られる。「親は頼りにならないんだよね」「お金の工面とかさ，この年で考えなくちゃいけないって結構大変だよね」と明確に言った子どももいる。こうした，年齢に見合わないことをしなくてはならない様々な状況に追い込まれた場合，種々のことと相まって，「うつ」の症状化が起こりうる。うつ状態が高じて自らの命を絶ってしまった例もある。もっと大人に助けを求めればよいのにと周囲の大人は思うことが多いのだが，それができないものなのである。それに，子どもたちは心の奥底にあるつらく悲しい経験をそんなに簡単に他者に話したりはしない。深い痛みを味わってきた子どもは，"弱み"を表出することは，自身の人格を全否定されるというネガティブな価値観を，多かれ少なかれ抱いている。だから，表出できないのである。他者に自己否定されることへの不安がとても強いのが，

施設の子どもたちの一種の特徴ともいえる。

　したがって子どもたちは，むしろ表面的には普通に日々を過ごすことの方が多い。しかし一方で，身を置いている場が安全だとわかってくるにつれ，意識しているいないにかかわらず，徐々に頑張っていた緊張感が緩み，抱えている問題をコントロールできない場面に出合うようになる。そのようなときに問題行動といわれる言動が現れたりする。もちろん，入所当初から背景に抱えている問題と思われることが問題行動として表出することも十分ある。いずれにしても，問題行動が現れたときに養育する側はその修正に焦点化しがちである。しかし，必要なことは，修正だけではなく，背負ってきた課題による症状からの回復にはどうしたらよいかと考えることである。それは，大目に見ることとは違う。そのための心がけとして，まず子どもの全体像をとらえること。そして，子どもの態度の一つ一つに反応するのではなく，背景の事情や連動した流れの情況の中で事態を理解することに努めること。その際，相手にしっかりと関心を向けることが肝要である。それが，一人一人の子どもに合った支援につながる。そして，もし子どもの問題行動に対する排除できない種々の気持ちが生じてしまった場合は，1人で悩み抱え込むのでなく，協力者，指導者を求める必要がある。そして同時にそれをコントロールする訓練が不可欠となる。同僚や施設の異職種の専門家などの存在は大事である。独りよがりに自分を過小評価したり責めたりせずに，周囲の力を借りて，"文殊の知恵"を活用することがよいであろう。ただ，これが意外とすんなりできないものである。これには認識の変革が必要となるだろう。

2　心理的アプローチ

　児童福祉施設の心理支援は，1999年以降児童養護施設に始まり，徐々に心理職が配属されるようになってきている。児童福祉施設に配置されている心理職が子どもにできる支援は，アセスメント（心理学的診断），個別の心理療法，グループ療法，心理検査である。施設内での心理検査は，生活の中で気がかりなことを発見したことで検査施行につなげられる場合もある。例えば，他児と

遊んでいて，少し情況の理解や記憶がよくないようだが知的な問題は大丈夫だろうか？　といったことがしばしば観察されたとき，知能検査を施行する，などである。知能検査では，「知能指数」などの数字以上にその子どもの物事に対する取り組み方や，得手不得手など多くのことが発見できる。その他の心理検査でも同様な側面がある。虐待やPTSD関係では，それに特化したチェックリストなどもあるが，これもいかに用いるか，いかに支援につなげるかを考えて活用していくのが心理職の務めである。

　心理療法における面接，特に遊戯療法では，子どもの症状緩和などのための治療的側面と，持っている力を伸ばし，人の中で生きる上で支障をきたす振る舞い方を修正していく教育的側面がある。そして何より，他のさまざまな緊張から解放されてリラックスできる安全基地を持たせられるという点で非常に有効性が高い。安心感を持てることが重要なので，時間や場所やもちろん人（心理療法担当者）が固定されることが重要になる。誰にも邪魔されない自分の時間と場所という認識が，乳児期に保証されるはずだった発達課題といえる子どもの安心感，他者への信頼感を育てることになる。そしてこの働きかけによる成果も職員と連携して共有することで，子どもへの支援が厚みを増す。

3　子どもの振る舞い方からの発見

　児童福祉施設における専門家の基本で重要なことの1つは，"いつもと同じ"ように見えるが"いつもと違う"わずかな子どもの変化を見落とさないように気をつけることである。基本的に教育の場面でも養育の場面でも，そして日常でも次に起こることは，すべて新しいことである。したがって，子どもとの関わりの中で起こる"新しい発見"に，次の働きかけ方のヒントがあるということをわかっておきたい。

　例えば，いくつかの施設で実際に見られた事例を見てみよう。

　ある小学3年の子どもがいつにも増して他の子どもにちょっかいを出していじめるなどイライラしている様子である。ある職員が叱責すると，大声で泣き出した。別の職員が，庭でサッカーで少し遊び，話をした。仲のいい同年齢の

子どもが一時的に親もとへ帰宅をすることで，うらやましさと寂しさからイライラしたとのことだった。悲しい気持ちを表せなかったことがわかった。

ある小学6年の子どもが学校から帰るなり，「超むかついた！」と怒って，他児を蹴飛ばした。職員に叱られたが，落ち着いてから話を聴くと，比較的仲のよい子どもが転校するということで悲しかったのだとわかった。語彙力不足も手伝い，何でも「ムカツク」で表現してしまっていたのである。子どもの言葉を大人の意味の解釈で処理すると大きな誤差を生じることが明らかとなった。

ある高校生の男子は，いつ声かけをしても返事がない，必要なことをぎりぎりまで言わない，これは困った状態だと職員は考える。しかし，よく見てみると，特に重大なミスなどしておらず，種々締め切りに間に合わないことはない。困っているのは会話ができないことで言葉で情報を得られない職員であった。子どもの情報は，言葉だけではない。これも発見だった。

職員は，子どもの些細な変化に気づいたら，子どもの行動をすぐに問題にするのではなく，情況（＝コンテクスト，背景）を考えることが大切である。情況によって同じ行動でも意味が異なってくる。そして，注意を向けるのは，言動だけでなく体調，表情を含めた身体の状態，持ち物，着る物すべてが観察対象となる。"いつもと違う"ことに気づくには，この子はこういう子だ，といった思い込みを持たないようにすること，"いつもこうだ"とわかっておくことが両方必要になる。気がかりなことは，職員間や場合によっては当の子どもに確認する。その際，子どもに明確な返答を要求するのではなく，こちらがどんなことに気づいているかをメッセージとして伝えることが肝要となる。それだけで十分，大切なことが子どもに伝わることもかなりある。子どもから，大人の要求を察知し，大人の望む答えを引き出すようであってはならない。

すなわち，施設において子どもをより健康に育てていくには，異種専門職の連携や協働が重要であるのは多くが認めるところだが，一人一人の心構えとして，思い込みを持たずに子どもと接することがまず求められる。そのためには，子どもの発達と虐待の影響の知識を持っていること，そして，さらにそのためには，相手の立場に立って考えてみること，自分を考える客観的な視点を持

つことなどが必要になる。自分が相手の立場だったらどうするか，どう思うか，この思考作業は，客観的な判断につながり，相手に合った対策を考えることにつながる。必要な知識とあれこれ思考することも含めた多様な内的経験によって，自分自身を磨くこと。大変そうだが，努力によって身につけられる能力であることは言うまでもない。児童養護施設に焦点化し概説してきたが，子どもに関わる専門職者として，大人として精進することとしては，他の職種とも共通することなのである。

演習課題

課題 1

・児童福祉施設の種別とその設置目的および児童相談所の機能，相談受付内容を調べてみよう。

課題2

・児童虐待の４つの種別における「身体的虐待」「性的虐待」「心理的虐待」と「ネグレクト」の大きな相違点を考えてみよう。
・心的外傷後ストレス障害の症状について調べ，具体的な現れ方について調べてみよう。

引用・参考文献

飛鳥井望　PTSD の臨床研究―理論と実践―　金剛出版　2008
中央法規出版編集部　改正児童福祉法・児童虐待防止法のポイント　中央法規　2016
フォナギー，P　北山修・遠藤利彦監訳　愛着理論と精神分析　誠信書房　2008
伊藤嘉余子　児童養護施設におけるレジデンシャルワーク―施設職員と職場環境とストレス―　明石出版　2007
ジェームズ，B　三輪田明美・加藤節子・高島克子訳　心的外傷を受けた子どもの治療―愛着を巡って―　誠信書房　2003

木部則雄　こどもの精神分析　岩崎学術出版社　2006
前田研史編　児童福祉と心理臨床　福村出版　2009
ミッチェル,J.T.＆エヴァリー,G.S.　高橋祥友訳　緊急事態ストレス・PTSD 対応マ
　　ニュアル　p.36　金剛出版　2003
森田喜治　児童養護施設と被虐待児　　創元社　2006
村瀬嘉代子他　子どもの育みの本質と実践―社会的養護を必要とする児童の発達・
　　養護過程におけるケアと自立支援の拡充のための調査研究事業―調査研究報告
　　書　社会福祉法人全国社会福祉協議会　2009
小倉清　子どもの臨床　岩崎学術出版社　2006
齋藤謁　子どもと家庭に関する問題と社会福祉の対応①―虐待・心理学的視点から
　　―　北川清一・小林理編著　子どもと家庭の支援と社会福祉　ミネルヴァ書房
　　2010
齋藤謁　子どもとの関わりの実際（4）虐待　山口義枝編　乳幼児・児童の心理臨床
　　放送大学教育振興会　2011
山鳥重　わかるとはどういうことか―認識の脳科学　筑摩書房　2002

コラム 14

児童養護施設における心理療法

　児童養護施設には，1999（平成 11）年から厚生労働省（当時厚生省）の事業で，心理療法担当職員が配属されるようになった。仕事は，子どもの個人または集団の心理的ケア，職員へのコンサルテーション（助言・指導・相談）などが中心である。

　子どもへの心理的なケアでは，主に遊びを媒介とする"プレイセラピィ"が行われることが多い。目的は子どもの抱える問題の解決であり，かつより健康に育つための支援である。以下は，ある心理的ケアの例である。

　圭介くんは小学校高学年である。自分の意思を明確に持てず，いつも一緒にいる仲間——友達になりえていない——に追随して振る舞うことが非常に多かった。さらに時々気持ちが落ち込むことが見られた。そして圭介くんは，心の病を抱えた親と連絡を取るたびに気持ちが混乱し，年少児に八つ当たりをするなどの自暴自棄的な振る舞いも見られた。それでいて子どもらしい甘えはあまり出せずにいた。週 1 回 50 分，ゲームや軽いスポーツなどをするプレイセラピィを続けるうちに，圭介くんは安心感や自分の居場所を確信でき，徐々に遊びの中で自分の意思を表せるようになった。また，年齢より幼い遊びもして，子どもらしくはしゃぐようにもなった。時に落ち込むと，ダメな自分についても話せるようになり，それでもいつもと同じように受け容れられる経験から，自分を認められるようになっていった。さらに，親への期待，失望，批判などをポツポツと話すようにもなった。心の澱を排出するようだった。時折くずれそうになりながらも，施設の中で目標となるような人物（ボランティア）を見つけ，高校受験に積極的に向かった。よちよち歩きのようだったが，高校卒業後，第一希望の進路に進めた。気持ちを奮い立たせる後押しとなる人間関係は貴重である。

15章 発達に関わる諸理論

学習の目標

1 知的発達の代表的な理論である，ピアジェの認知発達理論の全体像を把握する。また，ピアジェの影響を受けた，ブルーナーの表象の発達理論を知る。

2 社会的発達の著名な理論である，ハヴィガースト，ボウルビィ，コールバーグの発達段階を概観する。

3 パーソナリティ発達の代表的な理論である，フロイトの精神分析理論とエリクソンの心理―社会的発達段階の全体像をとらえる。

―― キーワード ――

ピアジェ，ブルーナー，ハヴィガースト，ボウルビィ，コールバーグ，フロイト，エリクソン，認知発達理論，表象の発達理論，発達課題，愛着理論，道徳発達理論，精神分析理論，心理―社会的発達段階

1節　知的発達に関する理論

1　ピアジェの認知発達理論

　知覚する，記憶する，推理する，判断する，といった知的な活動全般を心理学では認知という。この認知の発達について理論を構築したのが，スイスの心理学者ピアジェ（Piaget, J.）である。ピアジェは，個体（子ども）と周囲の環

境との相互作用の中で認知発達は生じると考えた。この相互作用において，ピアジェが提唱した重要な概念がシェマ（図式・認知構造）である。シェマとは環境をとらえ，環境に働きかけるために個体が持つ仕組み，枠組みのことである。「吸う」「持つ」といった運動レベルのものから，イメージや概念といった思考に関するものもシェマの一例と考えられる。このシェマを通して，個体は環境とやりとりをしていくことになる。さまざまな環境と関わっていくことでシェマは修正され，新しいシェマが生み出される。また，それらが結びついてより複雑で高次なものになっていく。このシェマの変化や組織化が，ピアジェの考える認知発達と言いかえることができるだろう（浜田寿美男，1994）。

　ピアジェは，シェマの質的な変化から認知発達の段階を設定している。一般的に知られているのは，感覚運動期（0歳から2歳まで），前操作期（2歳から

表15−1　ピアジェの認知発達段階

基本段階			下位段階		
前論理的思考段階	感覚運動期	誕生〜2歳	第一段階	反射の行使	0〜1カ月
			第二段階	最初の獲得性適応と第一次循環反応	1〜4カ月
			第三段階	第二次循環反応および興味ある光景を持続させる手法	4〜8カ月
			第四段階	第二次シェマの協応と新しい状況への適用	8〜12カ月
			第五段階	第三次循環反応と能動的実験による新しい手段の発見	12〜18カ月
			第六段階	心的結合による新しい手段の発明	18〜24カ月
	表象的思考期	前操作期　2〜7歳	第一段階	前概念的思考段階	2〜4歳
			第二段階	直観的思考段階	4〜7歳
論理的思考段階		具体的操作期　7〜11歳	物理的実在に限定した論理的思考		
		形式的操作期　11〜15歳	物理的実在から解放された抽象的思考		

野呂正　思考の発達　野呂正編著　幼児心理学　p.75　朝倉書店　1983

7歳まで），具体的操作期（7歳から11歳まで），形式的操作期（11，12歳から14，15歳まで）の4段階である（ピアジェ，1972）。感覚運動期はさらに6つの下位段階，前操作期は前概念的思考段階と直観的思考段階の2つの下位段階に分類されることもある（表15－1）。感覚運動期と前操作期の間には表象的思考（目の前にない物事を思い浮かべ，思考すること）の有無，前操作期と具体的操作期の間には論理的思考の有無など，各段階の間には認知の質的な差異が想定されている。

2　ブルーナーの表象の発達理論

　アメリカの心理学者ブルーナー（Bruner,J.S.）は，ピアジェの影響を受けつつ知的発達について独自の考えを述べている。ブルーナーは，子どもが自分を取り巻く世界を知る（外界の出来事や経験を自分の心の中に取り込み，思い浮かべる）ことを表象作用と呼んだ。そして表象作用の手段には，動作的表象，映像的表象，象徴的表象の3つのタイプがあると主張している（ブルーナー，1968）。それぞれの表象の特徴は以下のとおりである。

　①動作的表象　習慣的な動作を通して世界を知る。
　②映像的表象　画像やイメージを通して世界を知る。
　③象徴的表象　言葉や記号のような象徴的な手段を通して世界を知る。

　例えば，「ボールを投げる」という活動を手や腕，肩の動作パターンで覚えるときには，動作的表象が大きく働いている。「ボールを投げる」姿を映像的なイメージとして思い浮かべる際には映像的表象，ボールの投げ方やその状況が言葉で理解，表現されるときには象徴的表象が働いているといえる。この3つの表象は，動作的表象から映像的表象，象徴的表象の順に獲得され，それぞれが互いに関連し合いながら知的活動を支えていると考えられている。

2節　社会的発達に関する理論

1　ハヴィガーストの発達課題

　個人がその所属する社会において十分に適応するために，発達のそれぞれの段階において達成しなければならない課題のことを発達課題という。代表例として，アメリカの教育学者ハヴィガースト（Havighurst, R.J., 1997）の発達課題がある。ハヴィガーストは，人の一生を6つの発達段階に分け，それぞれの段階に6個から10個程度の具体的な発達課題を設定している（表15－2）。これらの発達課題は，適切な発達段階に達成されることが極めて重要であり，ある段階の発達課題の達成が次の段階の課題達成を可能にすることをハヴィガーストは主張している。またハヴィガーストは，発達課題の文化的相対性(ハヴィガーストの発達課題は，アメリカ中流階層の人々を想定している)や，ある1つの発達段階に限らず，各段階において繰り返し達成が求められる発達課題があることも併せて指摘している。

2　ボウルビィの愛着理論

　愛着（アタッチメント）とは，イギリスの精神科医ボウルビィ（Bowlby, J.）によって提唱された概念であり，人が特定の他者との間に形成する親密な心の絆のことである。その根底には，安心感を得るために特定の他者に対して接近や接触を求める人間の本質的な傾向がある，と考えられている。愛着そのものは目に見えるものではないが，他者に接近，接触を求める行動（愛着行動）の現れ方から，愛着の存在や発達が想定されている。愛着理論は，この心の絆の持つ意味と形成の過程を体系化したものであり，人の社会性や情緒の発達を説明する代表的な理論となっている（ボウルビィ，1991；ボウルビィ，1993）。

　ボウルビィは子どもの愛着行動の変化から，愛着の発達を大きく4段階に分けて解説している（表15－3）。またエインズワース（Ainsworth, M.）をはじめとする多くの研究者により，愛着の個人差に関する研究がなされている（詳細は5章を参照）。

表15－2　ハヴィガーストの発達課題

発達段階	発達課題
幼児期および早期児童期（～6歳）	・歩行の学習　　　　　　　　　　　　　　・固形食摂取の学習 ・しゃべることの学習　　　　　　　　　　・排泄の統制を学ぶ ・性差および性的な慎みを学ぶ ・社会や自然の現実を述べるために概念を形成し言語を学ぶ ・読むことの用意をする ・善悪の区別を学び，良心を発達させ始める
中期児童期（6～12歳）	・通常の遊びに必要な身体的技能を学ぶ ・成長しつつある生体としての自分に対する健全な態度を身につける ・同年代の者とやっていくことを学ぶ ・男女それぞれにふさわしい社会的役割を学ぶ ・読み書きと計算の基礎的技能を発達させる ・日常生活に必要なさまざまな概念を発達させる ・良心，道徳心，価値尺度を発達させる ・個人としての自立を達成する ・社会集団や社会制度に対する態度を発達させる
青年期（12～18歳）	・同世代の男女と新しい成熟した関係を結ぶ ・男性あるいは女性の社会的役割を身につける ・自分の体格を受け入れ，身体を効率的に使う ・親や他の大人たちから情緒面で自立する ・結婚と家庭生活の準備をする ・職業につく準備をする ・行動の指針としての価値観や倫理体系を身につける―イデオロギーを発達させる ・社会的に責任ある行動をとりたいと思い，またそれを実行する
早期成人期（18～30歳）	・配偶者の選択　　　　　　　　　　　　　・結婚相手と暮らすことの学習 ・家庭を作る　　　　　　　　　　　　　　・育児 ・家の管理 ・職業の開始 ・市民としての責任を引き受ける ・気心の合う社交集団を見つける
中年期（30～60歳）	・十代の子どもが責任を果たせる幸せな大人になるように援助する ・大人の社会的な責任，市民としての責任を果たす ・職業生活で満足のいく地歩を築き，それを維持する ・大人の余暇活動を作りあげる ・自分を1人の人間としての配偶者に関係づける ・中年期の生理的変化の受容とそれへの適応　　　　　　・老いていく親への適応
老年期（60歳～）	・体力と健康の減衰への適応 ・退職と収入の減少への適応 ・配偶者の死に対する適応 ・自分の年齢集団の人と率直な親しい関係を確立する ・柔軟なやり方で社会的な役割を身につけ，それに適応する ・満足のいく住宅の確保

ハヴィガースト，R.J.　児玉憲典・飯塚裕子訳　ハヴィガーストの発達課題と教育―生涯発達と人間形成　川島書店　1997　より作成

15章　発達に関わる諸理論　　213

表15－3　ボウルビィの愛着の発達段階

第1段階：人物弁別をともなわない定位と発信（誕生から生後12週頃）
　子どもは人に対して，じっと見る，微笑む，声を出す，といった親密な働きかけを示す。まだある特定の人とその他の人を区別することが難しい状態にあり，誰に対しても似たような行動を見せる。

第2段階：1人（または数人）の弁別された人物に対する定位と発信（生後12週から生後6カ月頃）
　第1段階と同様に人に対してじっと見たり，微笑んだり，いなくなると泣いたりといった行動を見せるが，よく関わり世話をしてくれる人に対してそれらの行動をより多くはっきりと見せるようになる。

第3段階：発信ならびに動作の手段による弁別された人物への接近の維持（生後6カ月から2歳頃）
　誰に対しても示した親密な働きかけが減少し，特定の人が愛着対象として区別されるようになる。愛着対象に対しては，後追いや，抱きつくといった働きかけを示す一方，そうでない人に対しては不安や恐怖，警戒心を示すようになる（人見知り）。この時期の子どもは，愛着対象に近づくことや接することで，自分の不安や恐怖が和らぎ安心できることを理解する。そして愛着対象との接近・接触を維持するために自分の行動の計画を立てるようになる。

第4段階：目標修正的協調性の形成（3歳頃）
　認知機能の発達から空間と時間に関する理解が深まり，愛着対象となる大人が不在であっても，今どこにいていつ帰ってくるかがわかるようになる。また，大人の行動の背景にある目標を推測できるようになり，それにうまく調和させて自分の行動の計画を立てることが可能になる。愛着対象はこのような行動をするであろう，というイメージが子どもの中に形成されるようになる（内的作業モデル）。そのため，愛着対象の不在に不安なく対応できるようになり，目立った愛着行動は徐々に減少していく。

ボウルヴィ，J. 黒田実郎・大羽蓁・岡田洋子・黒田聖一訳　母子関係の理論 新版I愛着行動　岩崎学術出版社　1991　より作成

　ボウルビィが母子間の関係から理論を構築したためか，愛着は主に乳幼児期の発達の中において解説されることが多い。しかし，愛着は子どもに限定されるものではなく，すべての人に存在するとボウルビィは主張している。成人であっても，ストレスフルな状況下においては，安心感を得るために愛着行動を示す。そして，成人を対象とした心理臨床の中で援助者の第一の役目は，安全基地としてクライエントに安心感を提供することなどがボウルビィによって述べられている。青年期・成人期以降を対象とした愛着の研究は，近年の心理学の大きなテーマの1つとなっている。

3 コールバーグの道徳発達理論

子どもの道徳的判断の発達を初めて検討したのは，前述したピアジェである。ピアジェは，子どもの道徳的判断は，結果論的判断（行為の結果から善悪を判断）から動機論的判断（行為の意図から善悪を判断）に変化することを明らかにしている。その研究を発展させ，より詳細な道徳性の発達段階を提唱したのがアメリカの心理学者コールバーグ（Kohlberg, L.）である。彼は，例えば「誰かの命を助けるために法律を破らざるをえない」，といった道徳的な葛藤が生じるストーリー課題（モラルジレンマ課題）を設定し，登場人物がすべきことの判断および判断の理由づけの仕方から道徳性の3水準6段階の発達段階を提唱している（表15-4）。

コールバーグの理論では，道徳性の発達を促す要素として道徳的な葛藤の経験が挙げられている。またこの経験は，自分がそれまで思いつかなかった他者の考え・視点に気づくこと（役割取得）からもたらされるとした。現在の道徳教育の実践の中にもコールバーグの理論とモラルジレンマ課題は取り入れられ，活用されている（山岸明子，1991）。

表15-4 コールバーグの道徳性の発達段階

水準1	**前慣習的水準**（道徳的価値は外的・準物理的出来事や行為にある） 　段階1　バツや制裁を回避し，権威に対して自己中心的に服従 　段階2　報酬，利益を求め，素朴な利己主義を志向
水準2	**慣習的水準**（道徳的価値は，よいまたは正しい役割を行い，紋切型の秩序や他者の期待にそむかないことにある） 　段階3　よい子への志向，他者からの是認をもとめ，他者に同調する 　段階4　義務を果たし，与えられた社会秩序を守ることへの志向
水準3	**原則的水準**（道徳的価値は，自己自身の原則，規範の維持にある） 　段階5　平等の維持，契約（自由で平等な個人同士の一致）への志向 　段階6　良心と原則への志向，相互の信頼と尊厳への志向

溝口佳和　道徳性と向社会性　桜井茂男・岩立京子編著　楽しく学べる乳幼児の心理　p.132　福村出版　1997

3節 パーソナリティ発達に関する理論

1 フロイトの精神分析理論

　精神分析理論は，オーストリアの医師であるフロイト（Freud, S.）が神経症の治療の中から構築し，発展させたものである。その内容は，臨床的なものだけでなく，発達的な側面や文化的な側面も含み，心理学の発展に大きな影響を与えた。ここでは，パーソナリティとその発達に関わる心的構造論と心理―性的発達論を解説する（土居健郎，1988；フロイト，2007）。

a 心的構造論

　心的装置論とも呼ばれる。精神分析理論においては，心は3つの領域からなると考えられている（図15－1）。1つは，エス（Es）あるいはイド（Id）と呼ばれる領域である。精神分析理論では，人のさまざまな活動は本能的欲求から生じると考える。エスは心の最も原始的な領域であり，本能的欲求を司る場所であるとされる。2つ目は自我である。本能的欲求と自らを取り巻く環境とを照らし合わせ，現実的に充足可能かどうかを吟味し，決断する領域である。3つ目が超自我であり，人間社会のルールや道徳が心の中に取り入れられ内在化したものである。本能的欲求の充足を制限，時に禁止する指示を自我に与える領域であるといえる。この3つのバランスが個々人のパーソナリティを特徴づける要素となる。自我は超自我の「……してはならない」というチェックを受けつつ，現実社会を検討し，エスの発する本能的欲求を充たしていくことになる。エスは生まれたときから存

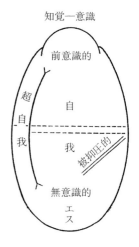

図15－1　フロイトの心的構造論
前田重治　図説 臨床精神分析学　p.9　誠信書房　1985

在し，現実の環境と接する中から自我が発達し，親からのしつけなどを通して
超自我が生じると考えられている。

b 心理—性的発達論

　フロイトは本能的欲求の中心として，性本能（いわゆる性欲だけでなく感覚
的な満足，快感を追求する傾向）を据えている。そしてこの本能的欲求が，発
達のそれぞれの段階において適切に処理されたか否か，がパーソナリティ形成
に大きく影響すると考えた。欲求充足の主たる場となる体の部分から，発達段
階は口唇期（あるいは口愛期，生後1歳半まで），肛門期（3歳頃まで），男根
期（6歳頃まで），潜伏期（11歳頃まで），そして性器期に区分される（表15
－5）。例えば口唇期は，授乳によって生じる快の感覚が欲求充足の対象とな
る。授乳による満足が十分に得られなかったことや，あるいは過剰に充たされ
てしまうことなどの経験は口唇期への固着の原因となり，ある特有のパーソナ
リティの形成につながると考えられている。

表15－5　フロイトの心理—性的発達論

口唇期（oral phase：0〜1.5歳頃）：乳児が母親の乳房を吸う口唇的快感が中心。口唇期への固着は，甘えや依存心が強く，おしゃべり，酒や煙草等の口唇的活動への依存を生じさせる。
肛門期（anal phase：1.5〜3歳頃）：肛門括約筋が発達し，排便をコントロールできるようになる。肛門的快感が中心。肛門期への固着では，けち，几帳面，頑固，意地っ張りなどの性格が形成され，強迫神経症の素因となる。
男根期（phallic phase：4〜6歳頃）：幼児性欲が頂点に達し，性器への関心が高まる。自己の性を意識し，異性の親がライバルになる。男の子は，母親への愛情が高まるとともに父親への攻撃心が高まることで，逆に父親に自分のペニスが切られてしまう不安を持つ（去勢不安）。その結果，母親への愛情を放棄し，父親に同一化する（エディプス・コンプレックス：Oedipus complex）。女の子は，自分にペニスを与えてくれなかった母親に対する憎悪から父親に愛情を向ける（男根羨望）。しかし母親への依存を放棄することができず，母親への憎悪や父親への愛情は抑圧され，母親への同一化を始める（エレクトラ・コンプレックス：Electra complex）。男根期への固着は，虚栄心，競争心，攻撃性等の強い性格を形成する。
潜伏期（latency period：6〜11歳頃）：幼児性欲は一時的に不活発になり，その間知的発達や社会性の発達が促される。
性器期（genital phase：12歳〜）：思春期に入り，性的欲求が高まり，それまでの部分的な欲動は器性欲として統合されて，異性愛が可能となる。

下山晴彦編　教育心理学II—発達と臨床援助の心理学　p.71　東京大学出版会　1998

2　エリクソンの心理―社会的発達段階

　フロイトの心理―性的発達論をベースに，独自の発達段階説を提唱したのが
アメリカの精神分析学者エリクソン（Erikson, E.H.）である。フロイトの理
論が本能的欲求を中心に据えたのに対し，エリクソンは他者や社会との関わり
の中で自我がどのように発達していくかに注目し，一生涯にわたる発達段階を
想定している。

　エリクソンは人生を8つの時期に分け，それぞれに達成しなければならない
発達課題である心理―社会的危機を設定している（表15－6）。心理―社会的
危機は2つの相反する感覚の対立，葛藤という形で表現される。例えば，乳児
期では「信頼　対　不信」，が心理―社会的危機となる。乳児期は，親から養
育されることで生命を維持する段階であり，子どもは親に欲求を充たしてもら
うことを通して基本的な信頼感を獲得していく。一方，親の働きかけは完璧で
はないため，時には十分に子どもの欲求を充たせない場合もある。その際に子

表15－6　エリクソンの心理―社会的発達段階

発達段階	心理―社会的危機	有意義な対人関係	好ましい結果
第1段階（乳児期）0歳〜1歳	信頼　対　不信	母親またはその代わりとなる者	信頼と楽観性
第2段階（幼児前期）1歳〜3歳	自律性　対　恥と疑惑	両親	自己統制と適切さの感じ
第3段階（幼児後期）3歳〜6歳	自発性　対　罪悪感	基本的家族	目的と方向；自分の活動を開始する能力
第4段階（学童期）6歳〜12歳	勤勉性　対　劣等感	近隣社会；学校	知的，社会的，身体的技能における能力
第5段階（青年期）	アイデンティティ対アイデンティティ混乱	仲間集団と外集団；リーダーシップのモデル	自分を唯一の人間としてイメージを作りあげる
第6段階（成人前期）	親和性　対　孤立	親密なパートナー；性，競争，協調	親密な関係を永続的に形成する能力
第7段階（壮年期）	生殖性　対　停滞	役割分担と家族分担	家族，社会，次代への関心
第8段階（老年期）	統合性　対　絶望と嫌悪	「人類」；「わたくしの心」；死を受け入れる心	自分の人生に対する充足感と満足感

宮原和子・宮原英種　乳幼児心理学を愉しむ　p.123　ナカニシヤ出版　1996を一部改変

どもは，不信感を親やそのような扱いを受けた自分自身に対して持つようになる。乳児期は，この2つの感覚に揺れ動くことになるといえる。両方の感覚を経験しながら，最終的に信頼感の方がより強く獲得されることでこの心理—社会的危機は乗り越えられ，達成されると考えられている。同様に，幼児前期は恥や疑惑の感覚よりも自律性，幼児後期は罪悪感よりも自発性の感覚をより獲得していくことが，発達上重要となるといえるだろう（エリクソン，1977；服部祥子，2000）。

演習課題

演習1

・7章や11章に書かれているピアジェの記述を，全体の発達段階を踏まえて読み直してみよう。
・エリクソンの発達理論において，自分がどのような心理—社会的危機の段階にあるか調べてみよう。

課題2

・ハヴィガーストの発達課題を調べ，現在の日本社会にどの程度あてはまるか考えてみよう。
・ピアジェ，コールバーグ以外の道徳発達理論の提唱者とその内容を参考書等で調べてみよう。

引用・参考文献

ボウルビィ，J．黒田実郎・大羽蓁・岡田洋子・黒田聖一訳　母子関係の理論　新版
　Ⅰ愛着行動　岩崎学術出版社　1991
ボウルビィ，J．二木武監訳　母と子のアタッチメント—心の安全基地—　医歯薬出
　版　1993

ブルーナー，J.S.　岡本夏木・奥野茂夫・村上紀子・清水美智子訳　認識能力の成長（上）　明治図書　1968

土居健郎　精神分析　講談社　1988

エリクソン，E.H.　仁科弥生訳　幼児期と社会　みすず書房　1977

フロイト，S.　渡辺哲夫・新宮一成・高田珠樹・津田均訳　フロイト全集22　岩波書店　2007

藤崎眞知代・野田幸江・村田保太郎・中村美津子　保育のための発達心理学　新曜社　1998

浜田寿美男　ピアジェとワロン―個的発想と類的発想―　ミネルヴァ書房　1994

服部祥子　生涯人間発達論―人間への深い理解と愛情を育むために―　医学書院　2000

ハヴィガースト，R. J.　児玉憲典・飯塚裕子訳　ハヴィガーストの発達課題と教育―生涯発達と人間形成―　川島書店　1997

村田孝次　生涯発達心理学の課題　培風館　1989

ピアジェ，J.　芳賀純訳　論理学と心理学　評論社　1972

山岸明子　道徳的認知の発達　大西文行編　新・児童心理学講座9　道徳性と規範意識の発達　金子書房　1991

コラム 15
フロイト（Freud, S. 1856〜1939）

　ジクムント・フロイトは，ユダヤ人の毛織物商人の子として現在のチェコで生まれた。4歳のときにオーストリアのウィーンに転居し，以後人生のほとんどをウィーンで過ごした。ウィーン大学医学部に入学し，当初は神経系の生理学的研究を行っていたが，後に臨床へと転向した。フランスの医師で神経学者であったシャルコーの元に留学し，当時原因不明の病であったヒステリーの催眠による治療法を身につけ，30歳のときに開業医となった。フロイトの精神分析理論は，ヒステリーや神経症の患者に対する50年以上に及ぶ臨床活動や，それに端を発した自己分析の中から生み出され，発展してきたものである。

　フロイトは，ヒステリーや神経症の発症プロセスを以下のように想定した。人は不安や苦痛，罪悪感などといった不快感を引き起こす欲求や感情を持つと，「意識」から「無意識」にそれらを「抑圧」してしまう。心の奥に押し込めて，それ以上考えないようにしてしまうのである。しかし「抑圧」された欲求や感情は，「無意識」から別の形で現れてくるようになる。その1つの形がヒステリーや神経症の症状である。そして，押し込めていた欲求や感情に気づくこと，「無意識の意識化」が症状からの回復につながるとフロイトは考えたのである。

　フロイトは自由連想法という新たな方法を用い，患者の自由な発言に含まれる「無意識」の動きを解釈するという精神分析療法を開発した。さらに自我防衛機制や心的構造論，心理―性的発達論といった理論を構築していった。

　フロイトの考えは，それまで軽視されていた心の無意識の側面に注目したという点で評価される一方，その内容を科学的に検証することが極めて難しいという批判も多い。しかし，後の心理学や精神医学に大きな影響を与えたことは間違いないといえるだろう。

引用文献

小此木啓吾　フロイト　講談社　1989

索引

ア 行

愛着　75, 126, 211
愛着理論　211
アイデンティティの達成　166
アタッチメント　22
アニミズム（物活論）　102
誤った信念課題（誤信念課題）　103
安全基地　75
育児語　114
一次的言葉　117
一次的情動　70
遺伝　55
遺伝子　57
遺伝子型　58
ヴント　15
英知　170
エリクソン　18, 217
エントレインメント　123
オペラント条件づけ　88
音韻意識　116

カ 行

会話能力　112
過小般用　111
過大般用　111
活動主体としての自己　74
空の巣症候群　169
感覚運動期　98
環境　55
環境閾値説　56
観察学習　22, 89
観察法　35
基本的信頼　76

基本的信頼感　123
基本的な生活習慣　90
虐待　194
キャノン・バード説　69
ギャング集団（徒党集団）　153
吸綴反射　86
教育心理学　19
教育評価　31
共感覚　101
共同注意　110
ギリガン　47
具体的操作期　98, 152
口紅課題　73
KR　90
K-ABC　182
経験説　56
形式的操作　162
形式的操作期　98
形質　57
形成的評価　32
ゲシュタルト心理学　15
ゲス・フー・テスト　154
結果についての知識　90
結晶性知能　164
言語獲得援助システム　114
言語獲得装置　113
原始反射　85
好奇心　139
向社会的行動　155
行動遺伝学　58
行動主義　15, 55
コールバーグ　214
刻印づけ　74
心の理論　23, 103

個人内評価　32
古典的加齢パターン　164
古典的条件づけ　56
コミュニケーション　138
個別の教育支援計画　184
個別の指導計画　184

サ 行

作業検査法　37
三項関係　110
三頭理論　165
ジェームズ・ランゲ説　69
シェマ　98，209
視覚的断崖　71
自我の発達　166
自己概念　156
自己感　125
自己効力感　143
自己中心性　100
自己調整的行動　145
自己評価　157
自己評価ガイドライン　30
自尊感情　157
実験法　34
質問紙法　37
児童相談所　190
児童福祉施設　188
自動歩行　86
児童養護施設　197
事物全体制約　120
社会心理学　18
社会的視点取得能力　155
社会的比較　157
社会的養護　190
社会力　118
集団に準拠した評価　32
集中学習　90

熟達化　163
受動的相関　60
馴化　96
巡回相談　185
馴化―脱馴化パラダイム　96
小1プロブレム　158
生涯発達心理学　16
象徴機能　113
情動　68
衝動性　180
職業選択　167
人格検査　37
進化発達心理学　26
人工論　103
新生児模倣　122
身体的自己　73
診断的評価　32
心的外傷後ストレス障害（PTSD）　195
心的構造論　215
新版K式発達検査　182
信頼関係　184
信頼性　38
心理検査　36
心理―社会的危機　217
心理―社会的発達段階　217
心理―性的発達論　216
心理療法　202
ストレンジ・シチュエーション法　77
精神・性的発達段階説　47
精神分析学　15
精神分析理論　215
生得説　56
前概念的思考　101
選好注視法　96
染色体　57
漸成　44
前操作期　99
総括的評価　32

早期対応　175
早期発見　175
相互作用説　57
相互排他性　120
双生児法　58
相貌的知覚　101
ソシオメトリック・テスト　154

タ行

第三者評価　31
対象の永続性　98，128
胎生期　121
他者理解　146
多重知能説　165
脱中心化　152
多動性　180
妥当性　38
田中・ビネー式知能検査　182
WISC　182
探索　138
探索反射　86
知能　163
知能検査　36
中年期の危機　169
調査法　33
調節　98
DNA　57
デイリープログラム　28
転移　94
転導推理　102
投影法　37
同化　98
統合性　170
道徳発達理論　214

ナ行

内的作業モデル　76，129
内発的動機づけ　22

泣き　138
二項情緒的関係　110
二次的言葉　117
二次的情動　71
乳幼児精神発達診断法　182
乳幼児分析的発達検査法（遠城寺式）　182
認知心理学　15
認知的制約　111
認知発達理論　208
ネグレクト　191
脳科学　21
能動的相関　61
ノンレム睡眠　85

ハ行

把握反射　87
パーソナリティ心理学　18
ハヴィガースト　211
発達（発育）曲線　81
発達課題　211
発達検査　36
発達心理学　16
発達的特徴　150
発達の最近接領域　46
バビンスキー反射　86
ピアジェ　16，208
評価　29
表現型　58
標準化　38
表象能力　98
敏感期　74，96
フィードバック　90
輻輳説　56
父子関係　126
不注意　180
フレーベル　52
フロイト　18，215
ブロスの青年期5段階　48

ブロンフェンブレンナー　18, 42
分散学習　90
分離-個体化過程　48, 124
平均発話長　115
保育学　21
ボウルビィ　211
母子関係　126
母子の相互作用　123
母性感受期　122
保存の概念　152
保存課題　99
保存実験　23

マ行

マザリーズ　114
マズロー　22
マターナル・アタッチメント　123
3つ山課題　100, 152
メタ言語能力　116
メタ認知　151
面接法　34
目標に準拠した評価　32
モデリング　89
モラルジレンマ課題　214
モロー反射　86

ヤ行

U字型の発達　97
友人関係　166
誘導的相関　61
養護性　169
ヨーロッパピューリタン的子ども観　52
4つの水準　43

ラ行

ライフレビュー　171
リアリズム（実念論）　102
リーダーシップ　146
流動性知能　164
領域固有性　163
療育　182
臨界期　96
類制約　120
ルール　155
ルソー　16, 52
レディネス　56
レム睡眠　85

ワ行

ワトソン　15

編　者

成田　朋子　名古屋柳城短期大学名誉教授

大野木　裕明　仁愛大学人間生活学部子ども教育学科教授，福井大学名誉教授

小平　英志　日本福祉大学子ども発達学部心理臨床学科准教授

執筆者 〈執筆順，（　）内は執筆担当箇所〉

成田　朋子　（1章，コラム1）編者

小平　英志　（2章，コラム2）編者

大野木　裕明　（3章，コラム3）編者

乙部　貴幸　（4章，コラム4）仁愛女子短期大学幼児教育学科准教授

天谷　祐子　（5章，コラム5）名古屋市立大学大学院人間文化研究科准教授

安藤　史高　（6章，コラム6）岐阜聖徳学園大学教育学部准教授

布施　光代　（7章，コラム7）明星大学教育学部教育学科准教授

小椋　たみ子　（8章，コラム8）大阪総合保育大学大学院児童保育研究科教授

髙村　和代　（9章，コラム9）岐阜聖徳学園大学教育学部准教授

水谷　孝子　（10章，コラム10）武庫川女子大学名誉教授

青木　直子　（11章，コラム11）藤女子大学人間生活学部保育学科准教授

多川　則子　（12章，コラム12）名古屋経済大学人間生活科学部教授

荻原　はるみ　（13章，コラム13）名古屋柳城短期大学保育科教授

齋藤　謁　（14章，コラム14）恵泉女学園大学人間社会学部社会園芸学科教授

楯　誠　（15章，コラム15）名古屋経済大学人間生活科学部教育保育学科教授

新・保育実践を支える　保育の心理学 I

2018 年 4 月 15 日　初版第 1 刷発行

編著者　　成田朋子・大野木裕明・小平英志

発行者　　宮下基幸

発行所　　福村出版株式会社

〒 113-0034 東京都文京区湯島 2-14-11

電話　03-5812-9702　FAX　03-5812-9705

https://www.fukumura.co.jp

印刷　株式会社文化カラー印刷

製本　協栄製本株式会社

©Tomoko Narita, Hiroaki Ohnogi, Hideshi Kodaira 2018
Printed in Japan
ISBN978-4-571-11617-9
定価はカバーに表示してあります。
乱丁・落丁本はお取り替えいたします。

シリーズ「新・保育実践を支える」

平成29年告示
3法令改訂(定)対応

吉田貴子・水田聖一・生田貞子 編著
新・保育実践を支える

保 育 の 原 理

◎2,100円　　ISBN978-4-571-11610-0　C3337

子どもをとりまく環境の変化に対応し、保護者に寄り添う保育を学ぶ。保育学の全貌をつかむのに最適な入門書。

中村 恵・水田聖一・生田貞子 編著
新・保育実践を支える

保 育 内 容 総 論

◎2,100円　　ISBN978-4-571-11611-7　C3337

子どもの発達段階を踏まえた質の高い保育内容と保育実践のあり方を、総論的な観点から平易に説く入門書。

津金美智子・小野 隆・鈴木 隆 編著
新・保育実践を支える

健 康

◎2,100円　　ISBN978-4-571-11612-4　C3337

子どもの心身が健全に育まれ、自然や物との関わりを通して充実感を得る方策が満載。保育する側の健康も詳説。

成田朋子 編著
新・保育実践を支える

人 間 関 係

◎2,100円　　ISBN978-4-571-11613-1　C3337

人と関わる力をいかに育むかを、子どもの発達の基礎をおさえ、実際の指導計画と実践事例を掲載しながら解説。

吉田 淳・横井一之 編著
新・保育実践を支える

環 境

◎2,100円　　ISBN978-4-571-11614-8　C3337

子ども達の適応力・情操・育つ力を引き出す環境の作り方を多角的に解説。図版と写真が豊富で分かりやすい。

成田朋子 編著
新・保育実践を支える

言 葉

◎2,100円　　ISBN978-4-571-11615-5　C3337

育ちの中で子どもが豊かな言語生活と人間関係を築くために、保育者が心がけるべき保育を分かりやすく解説。

横井志保・奥 美佐子 編著
新・保育実践を支える

表 現

◎2,100円　　ISBN978-4-571-11616-2　C3337

子どもが見せる様々な表現の本質と、それを受け止める保育者にとって有益な情報を実践的な研究に基づき解説。

◎価格は本体価格です。